ちくま新書

手話の学校と難 … ター

——ETV特集「静かで、にぎや

長嶋 愛
Nagashima Ai

1541

手話の学校と難聴のディレクター——ETV特集「静かで、にぎやかな世界」制作日誌【目次】

まえがき

私はNHKで働く、耳の聞こえないディレクターだ。「おはよう」と言われても、「おあおう」としか聞き取れないし、会議で飛び交う声も雑音にしか聞こえない。両耳の補聴器に入ってくる音と、口の動きをヒントに、言葉を想像する。だがそれだけでは完全には聞き取れないので、音声を文字にする通訳と一緒に働きながら、ディレクターを続けてきた。

そんな中、二〇一八年に制作した番組「ETV特集「静かで、にぎやかな世界〜手話で生きる子どもたち〜」」が、国内外のコンクールで高い評価を受け、制作者個人の賞もあわせると一〇の賞をいただいた。舞台となった手話の学校・明晴学園、そしてそこで学ぶ子どもたちの姿が、多くの人を魅了した結果だったが、一方で、ディレクター人生初の受賞がおおごとになって、自分では一体何が起きているのかよくわからなかった。

なぜこんなに多くの人に番組が受け入れられたのだろう、と考えてみると、聞こえない私と聞こえるスタッフ、それぞれの「多様な視点」があったことが、番組に新鮮さをもたらしたからかもしれない、と思った。

近年、「多様性」の大切さが盛んにうたわれるようになった。だが、多様であるということは、それぞれに違いがあるわけで、現実にはうまくバランスがとれないことも、表裏一体としてある。私自身、聞こえる人ばかりの組織の中で働くと、そのジレンマはしょっちゅう生じる。それでも、違いを超えて、他者とつながりながら共に生きることはできないだろうか。何度も考えあぐねてきた。

だが、「静かで、にぎやかな世界」の制作を通して、私はようやく「多様な生き方」は理想論ではなく、実現できると、肯定できるようになった。この本では、そのことを書いてみようと思う。

ふつう、テレビ局のディレクターが書いた本というのは、番組制作のノウハウや取材の秘訣が詰まっていると思う。でもこの本は、〝例外的〟なディレクターが生き方に迷いながら、聞こえるスタッフと共に考え、感じてきたことを、番組制作の振り返りと共にまとめた一冊だ。

その過程をオープンにすることで、読む人が、一人ひとりの視点や生き方に〝違い〟があることを面白がってくれるといいな、と思っている。

序　章

静かで、にぎやかな新学期

廊下ではしゃぐ、明晴学園の子どもたち

二〇一七年四月。私は、新学期の始まりを撮影するために、ある学校を訪れていた。二階にある職員室の隣の応接室を借りて、機材の準備をしていると、窓からは校庭の桜が見えた。薄ピンクの花びらが気持ちよさそうに風に触れている。春を感じつつも、廊下の空気はまだ冷たく、寒さと緊張を和らげるために、ダウンジャケットを羽織った。

この日は、小学部の新年度最初の登校日。廊下では、すでに登校してきた子どもたちがたわむれている。

と、四年生の男子がすっとカメラレンズの前に顔を出してきた。そして、自分の胸の前で、パパパっと手を動かす。「なんだなんだ?」と思っているうちに、女子たちがドドドっと一気に割り込み、さらに手を動かしてくる。端に追いやられそうになった男子が、「これだけは言わせて!」とでも言うように、再びカメラに向かって手を動かす。女子たちは笑い転げている。でも、そこに声はない。校内はシーンと静かだ。

私が訪ねたのは、東京・品川区にある私立のろう学校、「明晴学園」。幼稚部から中学部まで、耳の聞こえない〝ろう〟の子どもたち五七人が通う(当時)。子どもたちの言葉は、「手話」だ。声は一切出さず、手の言葉でコミュニケーションをとる。その手の言葉は、ジェスチャーでもなく、日本語に合わせた動きでもない。

明晴学園の校舎

私も耳が聞こえないが、ふだん、子どもたちのように手話では会話しない。補聴器をつけて、音声の世界で生活する難聴者だ。そのため、子どもたちの手話をじーっと見ていても、何を言っているのかまったくわからない。そこで、ロケに同行する手話通訳者が、ワイヤレス・ピンマイク越しに、子どもたちが何を話しているのか、ヒソヒソと手話を日本語に翻訳してくれる。しかし、私はその声を聞き取ることができないので、現場には、「文字通訳」と呼ばれるスタッフが付き添い、私の耳の代わりとなって、声を文字に書き、伝えてくれた。それを読んで、私は何が起きているのかを把握していた。

最初にカメラへ寄ってきた男子が話していたのは、キャスター風にきりっと、「手話ニュースを始めます。今日の主な項目です」。次に、女子たちに追いやられながらも、いたずら顔になって、「僕たちの先生は、誰でしょう⁉」。

実は、小学部では各学年の担任がまだ発表されていなかった。子どもたちのドキドキはピークに達していて、とにかくはしゃぎまくっていた。男子からカメラ位置を奪い取った女子たちは、「あっちに、イケメンがいます！」「彼は一番モテます」と、私たちにリポートしてくれていたのだった。指名されたのは、カメラをよけていた五年生の男子。「僕じゃない！　僕じゃない！」と、照れて逃げ出す。それでも女子たちは実況を続ける。「彼には、ファンが一万人以上いるそうです」。子どもたちの小さな手は止まらない。次から次へと何かを話しかけてくる。私は思わず、「うるさーい！　早く席につきなさーい！」と、叫んでいた。静かな廊下で、だ。

と、二階から小学部の先生たちがゾロゾロと降りてきた。さっきまでの騒がしさが嘘のように、子どもたちは一目散に教室へ駆け込み、バタバタっと席につく。先生たちは大名行列のように歩き、自分が担任する教室の前に来ると、一人ずつ列を離れていく。子どもたちは、どの先生が自分たちの教室に入り、担任を名乗るのか、それがわかる瞬間をいまかいまかと待ち構えていた。

特に六年生は、小学部最後の一年。緊張と期待が入り交じったような表情で、姿勢を正して座っていた。教室に足を踏み入れたのは、がっちりした体格の小野広祐《おのこうすけ》先生。さっと右手をあげ、手話で挨拶する。

「おはようございます！」

その瞬間、児童二人が、がくっと姿勢を崩した。レイラが天井を見上げて叫ぶ。「嫌だ～！　六年間！」。ハルカが諦めたようにつぶやく。「やっぱり。六年間同じだなんてひどい……」。小野先生と六年生は、この日をもって小学部最後の六年目も一緒に過ごすことが決定した。手話通訳の声を通して聞いていた私たちは、笑いをこらえるのに必死だった。何度も言うが、そこに声はない。手話を知らずに、その光景を見ていたら、私は気がつかなかっただろう。とびきり、にぎやかな新学期が始まっていたことに。

私は、この日から、およそ一年間にわたり、明晴学園の学校生活を記録することにした。この学校を撮影しようと思った一番の理由は、とにかく明るく元気な子どもたちの姿に惹かれたからだ。手話でありのままに自由にコミュニケーションをとる姿が、とても輝いて見えた。

聞こえない〝ろう〟のままの自分を思いっきり楽しむ子どもたちの姿から、社会の「当たり前」を覆してみたい。共に生きるってどういうことか、視聴者に〝一緒に〟考えてほしい。そんな思いから、子どもたちに密着する日々が始まった。

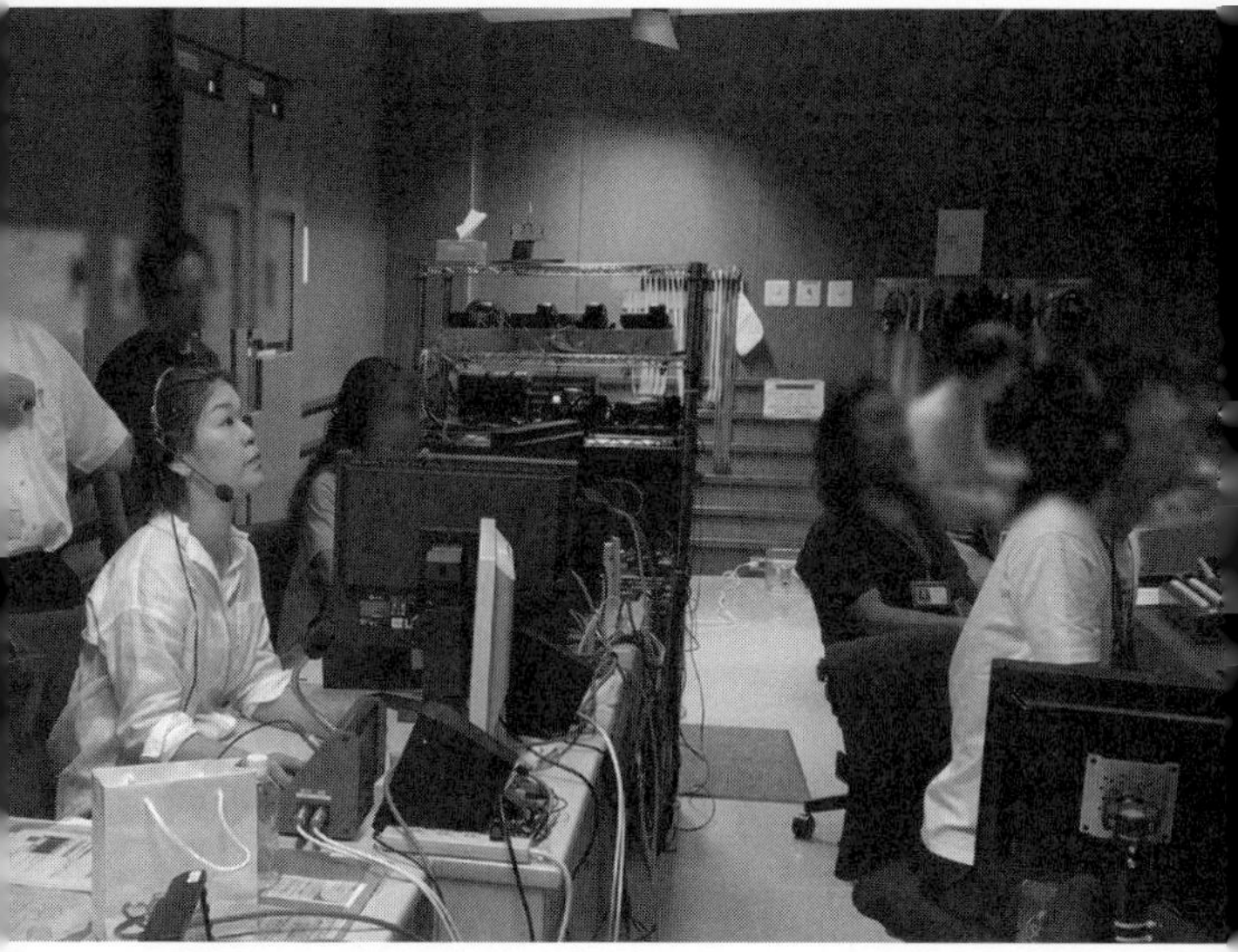

第一章
難聴のTVディレクター

通訳が文字にした音声情報をモニターで見ながら、番組をつくる

†手話の学校との出会い

番組の舞台となった明晴学園を訪れることになったのは、偶然だった。

二〇一七年当時、私はNHK・Eテレ「ろうを生きる 難聴を生きる」という番組を担当するディレクターだった。耳の聞こえないろう者や難聴者たちの暮らしに役立つ情報を発信したり、活躍する当事者を取材していた。その仕事のなかで、「手話だけの学校がある」という噂は聞いていて、いつか訪ねてみたいと思っていた。しかし、日々の仕事に追われ、正面から取材をする機会もないまま時間が過ぎていった。

ある日、仕事がひと段落つき、次のスケジュールを考えようとしていたとき、「そういえば、手話の学校があったな」とふいに思い出し、明晴学園のホームページを開くと、一般向けに「学校公開」の案内が載っていた。同校の特色ある手話の教育には、日頃から多くの関心が寄せられ、見学希望の声が多いため、年一、二回、公開の日を設けているという。

参加申し込みを済ませ、一般公開の日に、私は初めて明晴学園を訪ねた。まずは集会室へ案内され、校長の榧陽子《かやようこ》先生が学校の教育方針を説明してくださった。だが、恥ずかしながら、実は話の内容はうろ覚えだ。その代わり、先生がプロジェクターに映し出した、学校生活の映像に釘付けになったのは覚えている。とにかく学校の子どもたちが、手話でしゃべる、しゃべるのだ。

乳幼児クラスの赤ちゃんが、抱っこされているところから、イナバウアーのように反り返り、周りの手話を見ようとする様子が映し出された。「言葉を聞くんじゃなくて、目で見るんだ！」と、体に稲妻が走ったかのような衝撃だった。これまでも取材で、手話で話すろう者とは出会ってきたつもりだったが、こんなにも手話が飛び交い、音も日本語も存在しない世界は見たことがなかった。

その後、実際の授業を見学するため、校内を回った。わかっていたはずなのに、校内がとても静かなことに驚いた。難聴の私にも、自分の歩くスリッパのペタペタという音がはっきり聞こえた。子どもたちは、大人たちの見学に慣れているようで、私たちの姿に気がついても、気にしていないようだった。

教室で席に座っている女の子二人が、手を動かしながら何やら語り合っている。ほかの子は席を立って、先生に何か質問している。先生が手話で説明をすると、わかったというような表情で、再び席に戻っていった。私には子どもたちの言葉がわからない。でも、子どもたちは手を動かしながら何かを話し、通じ合い、理解しあっている。確かなコミュニケーションがそこにはあった。

校内見学が終わると、一般公開は終了となった。榧先生が挨拶を終えると、私は一目散に先生のもとへ駆け寄った。榧先生もろう者だ。誰かに手話通訳を頼んだのか、筆談したのか、どうやって話したのかは覚えていない。けれど、「学校の子どもたちの番組を作りたい」と伝えたことは覚えている。企画書も通さず、自分の直感だけで話を進めたのは初めてだった。

本来は、もっと学校や手話のことを勉強した上で進めなければならなかったかもしれない。でも子どもたちの姿を見れば、この学校で自由に伸び伸びと育っていることだけはわかった。それだけで十分だと思った。

すぐに榧先生が、優しい笑顔で「ぜひ」と答えてくれた。とても嬉しくなって、先生の手をとり、無理やり握手した。

†難聴のディレクターとしてのこれまで

「明晴学園」を取材した私も、耳が聞こえない。だが、明晴学園の子どもたちとは違って、補聴器をつけて音の世界で育ってきた。昔は補聴器をすれば、そこそこ聞こえていたが、年齢と共に聴力が低下し、今は両耳につけた補聴器をはずすと、車のクラクションも、飛行機の轟音も、まったく聞こえない。補聴器をつければ、音を感知することはできるが、言葉として完全に認識することは難しい。例えば、「これを明後日までにやっておいて」と言われても「ぼぼべあばっまみももめ」みたいな雑音にしか聞こえず、何を言われているかわからない。大きい声を出してくれる人もいるが、雑音が大きくなるだけなので、口の動きから言葉を想像している。

では、仕事はどうしているのかというと、「文字通訳」と呼ばれるスタッフと一緒に働いている。私の耳の代わりとなって、聞こえる音声をパソコンに打ち、文字にする。その情報を通じて、私は会議の内容や、電話相手の声、取材先の話を理解することができる。だが、この働き方が実現するまでには時間を要した。

さかのぼって、私が難聴とわかったのは二歳のころだ。あまり記憶はないが、一年半、聴覚特別支援学校に通い、両耳に補聴器をつけ、口の動きを見ながら、音声と言葉をリンクさせる練習をしたようだ。

幼少期は、難聴の程度も軽かったため、そのあと幼稚園からはずっと、聞こえる人のなかで育ってきた。電話も右耳でなら聞き取れた。それで何となく会話が成立してしまうものだから、聞こえにくいことについて、あまり自覚がなかった。今振り返ると、音痴だったり、板書のない授業はとにかく時間が長く感じたり、大人数での会話にはついていけない……といったことは起きていたが、「集中力が人一倍ないのだろう」と自己完結していた。

大学時代は小学校教師を目指して勉強していたが、学童保育などでアルバイトをするうちに、自分には向いていないと悟り、三年の秋には就職活動を始めた。

志望したのはテレビ局。高校生くらいのころから、バラエティ番組にテロップがたくさん入るようになったことが影響しているように思う。テロップが字幕代わりになり、番組内容がハッキリとわかるようになったからか、「学校へ行こう」や「ウンナンの気分は上々」などにハマって見まくっていた。逆にテロップのない、漫才やコントは内容がつかめず、自然と見ていなかった（現在は字幕放送が普及したので、楽しんで見ている）。そして、やりたいことは何かと考えたとき、「バラエティが好き」という単純思考からテレビ局を志すようになった。

当時は就職氷河期で、民放はあっさり全滅し、テレビ局以外の企業も受験したが、ことごとく落ち続けた。たくさんの企業を受けるなかで「一般採用」のほかに「障害者採用」があることを初めて知った。その採用枠を受けるには、障害者手帳が必要だという。「私も障害者に当てはまるのではないか？」と、はたと気づき、親に聞くと「手帳は赤ちゃんのころに作った」とは言うが、手元になく再発行してもらった。それくらい、「聞こえないこと」、「障害者」であることは、自分にとって重要ではなかった。おそらくそれによって生じる支障がまったくなかったからだろう。「どっちの採用枠でもいいから、とにかく就職したい！」と必死に祈る日々だった。

ＮＨＫは、テレビ局のなかでも試験がいちばん遅かった。それまで他のテレビ局を受験するときも、エントリーシートには必ず難聴であることを明記していたが、採用ページには、障害のある受験生への案内がないところもあった。ＮＨＫは、障害がある場合の案内もあり、安心して受験に挑むことができた。当時の採用方式についての記憶はあまりないのだが、今、ＮＨＫは障害者採用という枠を設けているわけではなく、「選考の中で個別に必要な配慮を確認し、障害のある方も積極的に採用する」という方法をとっている。

とはいえ、ＮＨＫでは、テロップだらけのバラエティ番組を見た記憶がなく、受かるはずもないと開き直って面接に挑んだところ、まさかの採用となった。

†中継のできないディレクター

二〇〇三年にディレクターとして入局し、初任地は奈良放送局だった。多くの新人は、まず地方局であらゆる番組の制作を担当する。五分のニュースリポート制作に始まり、台風中継、「おかあさんといっしょ」のコンサート、「ゆく年くる年」、旅番組など、いろいろな経験を積むなかで、自分のやりたいことを探してゆく。

障害のあるディレクターとして採用されたものの、他の職員と何か違った扱いがあるわけではなく、同じように仕事を任された。自分自身も配慮が必要だと感じておらず、特に何も求めなかった。

だが、中継だけは明らかにできなかった。ディレクターは、中継現場に立つアナウンサーやカメラマンへ指示を出すだけではなく、放送局のスタジオにいる技術やプロデューサーとも連絡をとり、全体の指揮をとらなければならない。そのため、片耳を中継現場とのやりとりに使い、もう片方の耳はスタジオとの電話対応に使う。しかし、私が言葉を聞き取れるのは右耳だけだった。左耳は音があることを感知することしかできない。初めて中継担当をした時、正確な伝達ができずに失敗した。そこで、中継については「できません」と上司に伝えた。

しかし、当時の地方局はとにかく人員不足だった。穴埋めできる余裕はない。上司からは思いがけない返事が返ってきた。

「電話対応は先輩ディレクターに任せるから、演出や取材など、ディレクターの仕事はやってほしい」

「仕事の要は、情報伝達ではない。その先にある、考えることが仕事だ」と言われたような気がして、気持ちが少し楽になった覚えがある。

†異変

状況が変わったのは、東京へ異動した六年目のころだ。

もともと年齢と共に、聴力が低下していることは自覚していたが、異変が起きた。耳鳴りがやまず、目まいが起き、駅前や店内にいるだけで、耳を引きちぎりたくなるほど、騒音が過剰にうるさく聞こえる。電話をすると、相手の声が自分の耳鳴りにかき消されて聞こえない。

それまでは、聴力が低下するたびに、補聴器に入る音を大きくすれば何とか解消していた。しかし、今度は大きい音が入れられず、むしろ抑えなければならなかった。すると、電話もできず、会話もうまく聞き取れない。頑張って会話をすると、耳から脳にかけてぐたっと疲れてしまう。

休職させてもらい、回復を待ったが、状況は変わらなかった。焦りが積もっていくなか、当時の上司が「聞こえない立場で、どんな働き方があるか、調べてみて」と助言をくれた。思えば、この日がくるまで、他の聞こえない社会人がどんなふうに働いているのか、また働くにはどんな方法があるのか、知る機会はなかった。

つてをたどって、企業で働いた経験のある難聴者に会いに行ったり、ネットで調べ、ろう者の講演を見に行ったりした。しかし、私が知ることのできた範囲では、ほとんどが「聞こえる人とのコミュニケーションをあまり必要としない仕事」に就いていた。ディレクターは、取材、撮影、収録など、あらゆる場面で大勢の人とかかわる。明らかに「聞こえなくてもできる仕事」ではなかった。

では、「聞こえる人と共に働く」ための方法には何があるのか。調べ始めると、驚くほど、手掛かりがなかった。

そんななかで、手話通訳と一緒に働いている〝ろう〟の弁護士がいることを知った。私は手話ができなかったが、自分の耳の代わりになる人と一緒に働き、筆談をしてもらえば、ディレクターを続けられるのではないか。そもそも、筆記してくれる通訳がいるのかすら知らなかったが、「いなければ、頼めば良いのではないか」と、希望が見つかった安堵感からか、かなり楽天的に考えていた。それくらい前例があることには、とても勇気づけられた。上司を通して、局に「筆記する通訳をつけてディレクターを続けたい」と希望を伝えた。

しばらくたった後、局から呼び出され、返事を伝えられた。

「健常者と同等に働けることが前提で、賃金に差を設けていない。特別なサポートは認めていない」

頭の中が真っ白になった。

なぜだかわからないが、私は返事をもらうまで、ディレクターを続けるつもりでいた。しかしその瞬間、目の前に突然大きな壁が現れ、「続けられる方法はない」と道を閉ざされた気がした。生まれて初めて目の当たりにした壁だった。

社会では「障害者」と言われるが、障害は自分のなかにあるものではなく、目の前にある壁そのものが障害だった。どけてほしくて、悲しくて、涙がこみあげてきた。

当時の私は二〇代。仕事で大きな実績を残したわけでもなく、一万人以上いる職員の一人でしかなかった。局の判断に、なす術はなかった。

†「共に生きる」はきれいごと?

この時を境に、社会が放つ言葉の一つひとつに敏感になった。

障害者だと健常者より劣るのだろうか?

バリアフリーって、何?

なかでも「共に生きる」という言葉が、すごくきれいごとに見えてきた。誰も反対しない言葉だ。だけど、誰も実現させようとしない言葉。大人は嘘つきだと思うようになった。

通訳はつかないまま、班替えがあり、上司も代わった。自己紹介をするときに、「聞こえなくなりました。でもディレクターがやりたいです」と伝えると、驚かれた。けれどそのあとに、「じゃあ、どうすればいいか考えよう」と言われた。どこか投げやりになっていた私にとって、大きな一言だった。

上司は私以上に、いろんな働き方を考えてくれた。「ニーズが同じ難聴者を取材する」「ディレクターの仕事が一から十まであるなかで、取材に出なくてもできる仕事を担当する」「番組ホームページの管理をする」などなど。

電話対応は周りに任せ、一時間以上続く会議は、同僚が隣の席に座り、ずっと筆談をしてくれた。至れり尽くせりだった。それなのに、日々辛かった。かつてのようには働けないもどかしさと、常に同僚の手間と時間をもらう自分が、お荷物の存在にしか思えなくなっていた。「聞こえるようになれば万事解決するのだろうか。聞こえないままの私では生きてはいけないのだろうか」。何度もぐるぐると考えたが、答えは出なかった。

さらに当時、婦人科の病気が重なり、耳だけでなく体調も思い通りにならない日々が続いた。次第に、向上心がなくなり、局内だけでできる業務を担当するようになったころには、「本当はこの仕事がやりたいわけじゃない」と、すべてを周りのせいにしていた。聞こえない上に、気持ちの死んでいるディレクター。周りにとっては扱いにくい存在だったと思う。

†「聞こえなくても、テレビ局で働けるんだよ」

そんななか、一つのモチベーションとなる出会いがあった。取材先の難聴者が、あるろう学校に行くというので、興味をもって一緒に訪ねた。学校の先生に挨拶をすると、子どもたちに私のことを紹介したいという。

幼稚部の子どもたちの前で、先生が話し始めた。

「NHKで働いている長嶋さんです。聞こえなくても、テレビ局で働けるんだよ。すごいね〜！」

小さな子どもたちが、私にニコニコと笑顔を向けてきた。

「いや、働けないんだよ」と言わなければならないと思った。それなのに、否定できなかった。

「あんなに嫌だった、嘘つきの大人に自分もなってしまった」

ほんの数分の出来事だったが、忘れられない日となった。

「聞こえなくても、テレビ局で働ける」先輩になるためには、どうしたらいいか。そもそも自分はどうしたいのか、考えるようになった。

NHKには、ディレクター職以外にもたくさんの仕事がある。著作権契約、広報、総務、人事など、さまざまだ。そのなかから、「聞こえなくてもできる仕事」を探して、テレビ局で働き続けるのが良いのだろうか。不思議と「ディレクターがやりたい」と強く思う自分がいた。

だが一方で、今の私に仕事を任せたくなる人はいるだろうか。自問して出てくる答えはNOだった。私は目の前の仕事に、文句しか言っていないことに気がついた。

以前、上司から言われた言葉を思い出した。

「武器を持つといい。例えば、NHKには手話の番組があるよね。手話ができるディレクターは少ない。長嶋が難聴の立場で手話を覚えるのも一つの方法かもしれない」

そう言われたときに、手話も習い始めていたが、半年続けた後は宙ぶらりん状態だった。本気になっていなかった。

どんなに小さな仕事でもいいから、「これだけは人に負けない」という強みを持とう。手話も再び始めよう。武器を持とう。

†風向きが変わる

当時、任された仕事は、他のディレクターが仕上げた映像の最終仕上げ、「ECS」と呼ばれる作業を担当することだった。モザイクを入れたり、テロップ入れをするほか、色補正、映像加工などの指示を、オペレーターに伝える。基本的には、作業内容を伝えれば、あとはオペレーターにお任せとなる。

でもこれを、期待されている以上のものに仕上げようと決めた。今は「働き方改革」が普及したが、このころは、徹夜明けで映像があがってくることもざらだった。ディレクターから渡された台本に、コメントは書いてあるが、映像が入っていないまま引き継ぐこともあった。例えば、視聴者からのお便りを紹介したいが、テロップだけだと殺風景になる。「なんかうまい具合におしゃれにしてほしい」と画面設計を朝いちばんで任され、その場で考える……といったことを繰り返した。アイディアの引き出しを増やすために、デザインの本を五冊くらい買って、見よう見まねで作業をした。

また、当時は「字幕放送」があまり普及していなかったため、テロップ入れの作業を通じて、ほかのディレクターの番組台本を文字で読めることは、とても勉強になった。どういう言い回しがあるのか、コメントの意味とは何か。番組を視聴していたときには抜け落ちていた情報が、手にとるようにわかったのは、ディレクターの仕事を学ぶ上で大きなチャンスだった。

それまでは、何をしていても、自分がどこに向かっているのかわからず、聞こえない自分が悪いのではないかと迷った時期もあった。

けれど、「ディレクターをやりたい」という自分と、それを実現しなきゃいけないという目的が見つかってからは、神経が図太く変わったように思う。

仕事への向き合い方が変わったころ、風向きが変わり始めた。新しい部長と専任部長が着任すると、私がかねてから希望していた、音声情報を文字にする通訳を、部署の「番組制作補助スタッフ」として雇ってくれた。なぜ状況が一変したのかはわからない。もしかしたら上司が部長にかけあってくれたのかもしれない。また、専任部長は、東京に異動した後、異変が起きた私に「聞こえない立場でどんな働き方があるか調べてみて」と助言してくれた元上司だった。その人が、私がもうディレクター業務をしていないことに、何かを感じたのかもしれない。いろいろな運と縁に助けられ、番組を再び作れるチャンスが回ってきたことは、天にも昇るような嬉しさだった。

スタッフ（通訳）と共に働けるようになって、私の仕事は一変した。

まずは電話取材ができるようになった。一台の電話機に、二つに分かれたヘッドセットを装着し、一つを私がつけ、もう一つをスタッフがつけ、二人で同じ音声を聞く。スタッフが相手の声をリアルタイムでパソコンに打ち込み、私はそれを読みながら会話の内容を理解する。私が話すときは、テレフォンオペレーターのように、ヘッドセットのマイクに向かって喋ると、それが電話相手に伝わるという方法だ。

また、打ち合わせや収録の音声が文字になると、「なるほど、こんなにたくさんの声が飛び交っているのか」ということや、今、周りは何を考えこんで沈黙しているのか、今何を待っている時間なのか、状況が把握できるようになった。

何より大きかったのは、自分の心理面だった。それまでは、周りに電話をお願いするとき、会議で筆談してもらうとき、「すみません」と謝り、罪悪感でいっぱいだった。少しずつ、〝聞こえないまま〟の私でできることが増えていき、自己卑下することが減った。

通訳を介した電話取材の様子

前例のない働き方は、日々、試行錯誤の連続だったが、ローテーションで私の業務に入ってくれた文字通訳の方々に大変支えられた。先ほど紹介した電話取材のやり方も、通訳に教えてもらった。私のニーズを当事者である私よりも知っており、そのためにはどうすればいいか、一緒に進むべき道を開拓してくれる。心が折れそうな時、私は通訳に支えられてきた。

　最初に任された仕事は、ゼロから取材をして作る番組ではなく、ほかのディレクターが制作した一〇分番組のリメイクや、新番組のPR番組だった。でも、待ちに待った久しぶりの番組制作だ。通訳と共に地方出張もし、パソコンに文字を打ってもらいながら取材をした。パソコンを開く場所のない田んぼのロケでは、私の横に立って筆談をしてもらった。そうやって仕事をしながら、企画書も頑張って書いているうちに、徐々に任される番組が増え、定時番組の班へと移り、取材とロケに追われる日々に戻った。

　それでも、いつまた「もとに戻ってください」と言われるかわからない不安があり、幸せ半分、怖さ半分だった。通訳をつけてもらったことが無駄にならないように、投資してもらった恩は、番組作りで返していこうと決めた。

　そして、ろう学校で出会った子どもたちが社会人になったときに、やりたいことに自由に挑めるチャンスが広がっているように、前例を作ろうと思った。

†「共生」を問いかける

　その後私は、Eテレ「ろうを生きる　難聴を生きる」を制作する、福祉班へ異動となった。二〇一七年には局から許可がおり、正式に文字通訳と一緒に働いている。そして、自分と近い立場にいる、ろう者や難聴者に向けて、そして、当事者を取り巻く関係者や社会に対して、何を伝えていくか考えたとき、自分がきれいごとだと感じた、「共生」を問いかけたいと思った。

なぜ今まで、聞こえる人と聞こえない人が「共に」働くことが実現されてこなかったのか。共に生きるって何なのか。それを叶えることが難しいなら「じゃあ、どうすればいいのか」、かつて上司が考えてくれたように、一緒に考える輪を広げることはできないのか。自分でも考え続けながら、番組制作をするなかで、明晴学園に出会った。手話でいきいきと過ごす子どもたちには、聞こえる・聞こえないに関係なく、人を惹きつける圧倒的なパワーがあった。

ろうの子どもたちの姿を見つめた先には、私たちの社会の常識が変わる道筋が見えてくるかもしれない。

そんな期待を込めて、撮影を始めた。

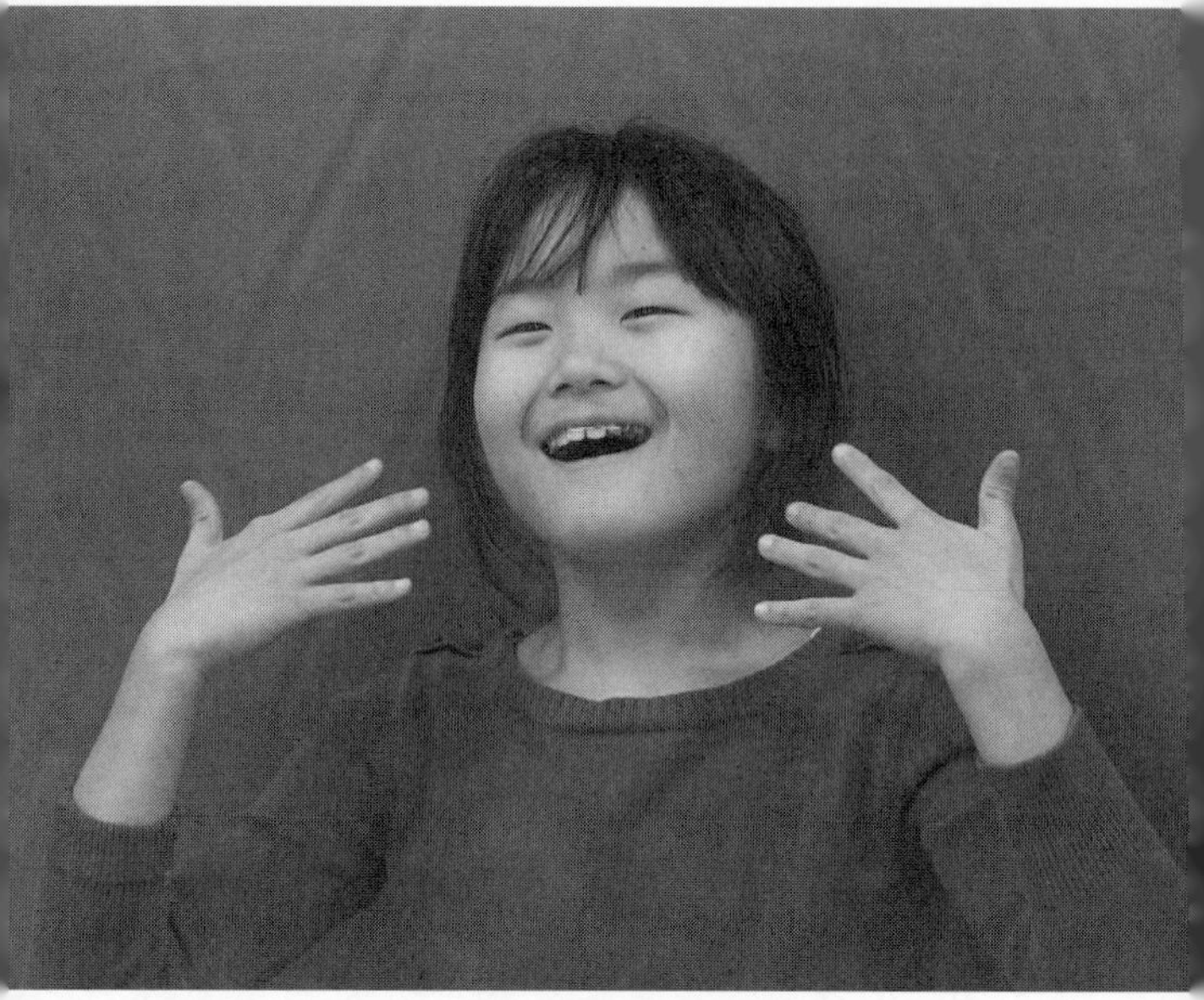

第二章

手話が飛び交う「明晴学園」

4年生の手話科の授業では、「春のうた」を学んでいた

†手話を「第一言語」に位置づける全国唯一のろう学校

朝八時を過ぎると、品川区八潮にあるバス停は、手話でおしゃべりする小学生、中学生でいっぱいになる。私たちのカメラを見つけると、子どもたちはみんな、さっと片手をおでこのそばに挙げて笑顔を向けてくれる。手話で「おはよう」の挨拶だ。

子どもたちが登校すると、校内は一気に手話であふれる。学校の先生たちも、半分以上がろう者だ。朝の会も、休み時間も、そしてもちろん「理科」「数学」「社会」などすべての授業が手話で行われる。

なお、「ろう者」の定義は人によってさまざまだ。いろんな現場で取材をしていると、聴力の程度によって「ろう」「難聴」と言い分けているケースもあれば、聴力は関係なく日常会話が「手話」で成り立ち、耳が聞こえない自分を肯定して受け入れている人が「自分はろう者」だと教えてくれるケースもある。明晴学園の場合は、「日本手話という言語で話し、ろう者としてのアイデンティティーを持つ言語的少数者」を、ろう者と定義している。日本のろう者が集団の中で昔から使い、自然に身につけてきた言語は「日本手話」と呼ばれ、日本語とは異なる文法を持つ視覚言語だ。

全国に八六ある（二〇一七年当時）ろう学校のうち、日本手話を「第一言語」と位置づけ、教育を行っているのは、ここだけだ。

アメリカの子どもが母国語の英語で学ぶように、中国の子どもが中国語で学ぶように、明晴学園のろうの子どもたちは、全ての教科を〝母語〟の日本手話で学ぶ。

中学一年生の教室をのぞくと、英語の授業が行われていた。アメリカ人のろう者が、モニターに映し出された英語の文章、〝I like ◯◯〟を手話で説明していた。

「〝I〟は、私を指します。では〝like〟は？」

生徒の一人が答える。

「好き」

「そう、〝好き〟という意味ですね。では〝pizza〟は？」

隣の生徒が同じく手話で答える。

「ピザ」

と、まだ答えていなかった生徒に、抜き打ちで質問が入る。

「君は寿司が好きなんだよね。寿司のつづりはわかる？」

生徒の顔は「うっ」と固まった。

「S……」

「そう、Sだね。スだから、Sと……U……」

「U！」

英語もこうやって、手話で学ぶんだ！

新しい世界を見たような驚きで、面白いなあと見入ってしまった。

†校門をくぐると、海外にトリップ!?

静かな授業の様子を、私たちロケスタッフは、どのように理解していたかというと……まったくわからなかった。東京の品川区にいるはずなのに、校内に入ると、まるで外国にいるように言葉が通じず、一瞬、「どこにいるのだっけ？」と思うこともあった。

そこで、撮影のときには、必ず手話通訳一名に来てもらった。海外でのロケ体制と同じ手法で、通訳にはワイヤレス・ピンマイクを胸元につけてもらい、子どもたちの手話を小声で通訳してもらう。ひそひそと「青シャツの子が○○と言っています」と教えてくれるのを頼りに、私たちは、何が起きているかを必死に把握する毎日だった。

と、ここで、「長嶋は手話を勉強していたのではないか」と、気になる人もいるかもしれない。実際のところは、他のスタッフ同様に、子どもたちの会話はサッパリだった。なぜなら、私が身につけた手話は、子どもたちにはまったく通じないものだったからだ。私の手話は「日本語対応手話」と呼ばれ、日本語がベースにあり、声や日本語に合わせて手と指を動かす。私は手話教室で「上手ですね」と褒められることがあり、学校の子どもたちにも少しくらい通じるだろうと、天狗になっていた。

しかし、その鼻は見事にへし折られた。声にあわせて「何の教科が好きですか?」と手を動かして質問すると、子どもたちは、ぽか~んとした顔をした。まったく通じなかったのだ。私とろうの子どもたちは、まったく異なる言語を生きているのだと身をもって感じた瞬間だった。

校内にいると、私たちNHKロケスタッフは手話がわからない〝マイノリティ〟だった。しかし、子どもたちは言葉が通じなくても、私たちに物怖じすることはなく、バンバン手話で話しかけてきた。「次は、教科書の暗記テストをやります!」と、授業の予定を教えてくれたり、「あの子、頭がいいのよ!」「あなたでしょ」「私じゃないよ!」「あの子は算数で一〇〇点とったけど、私は〇点よ」と、私たちに友達自慢を始める。そして先生に授業が始まったことを注意され、慌てて席につくのだった。

しかし校門から外に出ると、立場は変わる。手話の子どもたちは〝マイノリティ〟になり、日本語音声で話す私たちが〝マジョリティ〟になる。今の社会は、マイノリティを受け入れる懐の深さはあるだろうか？　子どもたちのようなおおらかさはないような気がした。

生徒の一人があるときこんなことを言っていた。

「本当は、世界は一つなんだけど、学校を一歩出ると世界が分かれて見える。ちょっと不思議な感じ」

†前途多難なロケのスタート

これまで作ってきた番組は、何かのタイミングをきっかけに撮影現場に入ることが多かった。例えば、主人公となる人物を事前に取材し、大きな試合に挑むことがわかると、その過程に密着する、といったように、あらかじめこれから起きる物事を想定して、現場で掘り下げながら撮影するかたちである。だが今回は、主人公も決まっていなければ、使われている言葉が手話であること以外は、一見、どこにでもある学校が舞台だった。

明晴学園で番組を作りたいと自ら企画書を出したものの、何をどう撮るかは決まっておらず、もう少しリサーチをしてから現場に入ろうかな……と思っていた矢先、上司のプロデューサー・村井晶子さんから、「新学期が始まるタイミングで入ってみては？　子どもたちに、スタッフやカメラに慣れてもらう必要もあるし、現場に入りながら主人公を見つけていくのも、ありかも？」と提案があった。

なるほど！　と意気込んで撮影を始めてみたが、いざ現場に立つと、すべてが新鮮で、どこに焦点をあてればよいのか、かえってわからなくなってしまった。それだけ何もかもが魅力的だった。しかし、目の前で起きることを全部記録しても、放送できるのは一部だけだ。「この授業、面白いから撮りましょう！」とカメラマンに説明したくても、なぜ面白いと思うのか、その授業から何を伝えようとして撮りたいと思うのか、言語化できない。「うう……」と言葉に窮してしまう。そんなとき私は、「手話の子どもたちみたいに、巧みに話せればいいのに……」と胸のなかでつぶやいていた。

さらに重くのしかかったのは、言葉が二重のバリアでわからないことだった。いつもなら、「音声→文字通訳→文字」という、一つの通訳を介するだけで、情報を取得できる。だが、明晴学園の現場では「手話→手話通訳→文字通訳→文字」と、二つの通訳を介さなければならなかった。ふだん、情報のヒントにしている口の動きもなければ、音もない。

日本語対応手話であれば多少わかるが、子どもたちの手話はさっぱりわからない。文字になるまで何が起きているか、まったく状況がつかめなかった。文字を読んでいるうちに、授業や会話はどんどん進み、子どもたちがどんな表情をしていたのか、ふざけていたのか、本気の口調だったのか、映像が見たいのに追いつかない……とジレンマを抱えた。

いちばん悔しかったのは、ほかのロケスタッフは、手話通訳の音声が聞こえると同時に、子どもたちの会話に、クスクス笑ったり、反応したりしているが、私が共有できるのは、いつもいちばん最後だったことだ。文字になるまでの数秒が、一〇分あるかのように長く感じた。音声の世界でも中途半端だし、手話の世界でも中途半端だな……と、このときだけは難聴である自分を恨めしく思った。

本当はディレクターとして、もっと子どもたちと近くなりたい、子どもたちの言葉が直にわかるようになりたい。だが、どうしようもないので、ロケの休みの日に映像のラッシュを見直して何が起きていたかを後から理解したり、逆にスタッフがどこで笑っていたか、何に反応していたかをその場で目に焼き付けた。それがいちばんスタッフの心を揺らすシーンであり、いずれ意味のあるシーンにつながっていくのだろうという目印になった。

また、仕事の合間をぬって、日本手話を学びに行った。短期間で取得できるものではないとわかっていたが、〇・一歩でもいいから前に進みたかった。今、振り返っても、これまでのロケのなかでいちばん大変だったなと思う。

†子どもたちの言葉を育む「手話科」

小学四年生の教室では、明晴学園ならではの授業が行われていた。「手話科」だ。

実は、明晴学園には、「国語」の授業がない。第一言語である手話を育む「手話科」と、第二言語の日本語を育む「日本語」、二つの教科に分けて言語を育んでいる。

この日は、四年生の国語の教科書に載っている詩をみんなで朗読していた。読んでいたのは、冬の間土の中にいたカエルが、春になった初めての日、地上に出てくる様子をうたった「春のうた」という詩だ。

ほっ　まぶしいな。ほっ　うれしいな。
みずは　つるつる。かぜは　そよそよ。
ケルルン　クック。
ああいいにおいだ。ケルルン　クック。

ほっ　いぬのふぐりがさいている。
ほっ　おおきなくもがうごいてくる。
ケルルン　クック。ケルルン　クック。

（草野心平「春のうた」『国語 四上 かがやき』光村図書出版株式会社）

詩にある「ほっ」という言葉は何を指すのか。四年生の手話科を担当する、教頭の森田明先生が子どもたちに質問する。

「カエルは、まぶしさを感じているようだね。今、どんな気持ちなんだろう？」

先生の話が終わる前に、子どもたちが「はいはい！」と、前のめりで挙手をする。最初に指名されたのは、元気いっぱいのココロだ。カエルの気持ちになって、下唇を突き出す。

「冬の間ずっと土の中で何もなくて、カエルはとっても退屈だった。やっと春になって、ほっとした」

「やっと」というところで汗をふくような仕草をし、吐息が漏れたかと思うと、上半身を後ろにのけぞらせた。

「いっちば～ん、最初の日。土の中から出て、まぶしい～～～～！　うれしい～～～

手話科の授業で、「春の歌」を学ぶ生徒たち

〜！」

もちろん「〜〜〜！」は聞こえたわけではないが、不思議と、ココロの手話を見ていると、カエルの弾けるような心情が目に見えるように伝わってきた。

じゃあ、「かぜはそよそよ」は、どんな風だろうか。森田先生が再び問いかけると、子どもたちの小さな手が、一斉にゆらゆらと動きだす。カエルに吹きかかる風を表現する子、花や木々を揺らす風を想像する子、たくさんの風が教室に現れた。

最後はそれぞれが、詩から思い描いた春の情景を発表する。子どもたちの手話は紙に残せないので、代わりにデジタルカメラで順番に撮影する。準備の整ったココロが、デジタルカメラの前に座り、同級生のウララが、録画スタートの合図を出す。撮影開始だ。

こめかみを指でトントンするココロ。

「そろそろ外に出てもいいかな〜。出てみよう！」

勢いよく土から顔を出して、カエルが春の空気を感じたのもつかの間、顔に手をやり、太陽の光に目を細める。そして、カエルは水の上で飛び跳ねたのだろうか、水面に波紋が広がる。ぽ〜ん、ぽ〜〜〜ん。そんなカエルを、さわやかな春の風がそっと優しく撫でる。気持ちよさそうに風を受け止めるカエルがほほ笑んでいる。

四年生のひょうきん者、ハルトは、ココロとはまた違う描き方で春の景色を教えてくれた。土から出てきたカエルを最初に呼ぶのは、小さなおおいぬのふぐりたち。風に気持ちよく揺れている。カエルがふっと、空に目をやると、ゆっくりと大きな雲が流れてくる。カエルは気持ちよさそうに鳴く。ケルルンクック、ケルルンクック。

私たちロケスタッフは、静かでさわやかな春の景色のなかにいた。子どもたちの指先からは、優しい風が吹き、せせらぎの水音が響き渡り、ちっちゃな花が目の前に咲き乱れた。初めて体感する、視覚言語の奔流だった。

†〝かわいそうな存在〟には描かない

この「手話科」の授業を見たとき、「こんなにも詩の世界が、目で見えるんだ！」と、感動した。それまでは、手話を知らない視聴者が、子どもたちの手の世界にどこまでついていけるかな……と、半分不安だったが、迷いは吹き飛んだ。

とにかく子どもたちは伸び伸びと、思うままに自分の世界を膨らませていた。順番を待つ間にも、互いの発表を見ながら、「じゃあ、私はこうしよう」「僕はこうする」と刺激し合いながら、それぞれの個性を発揮していた。「今、先生や友達はなんて言ったんだろう？」「よくわからないけど、この答えで合っているかな……」とか気にしなくていい。聞こえに左右されず、自分の思いをありのまま語れる、手話という母語で思考を深め、詩の世界にどっぷりと浸かる子どもたちは自由だったし、先生たちが子どもたちの持っている力を最大限、引き出していた。「このまま手話で生きていければいいよなあ……」という思いを、改めて強くしていた。

私は、Eテレ「ろうを生きる　難聴を生きる」の制作を担当していたが、魅力的な現場をもっと知ってもらいたいと思い、福祉番組以外の枠にも「聞こえない人たちの世界を描きたい」と手話を前面に出した企画書を出したことがあった。だがそのとき、思いもかけない言葉が返ってきた。

「聞こえない人が登場すると、魅力的なものだというよりも先に、〝かわいそう〟って思っちゃうんだ」

企画書は他の理由で採択されなかったが、そのつぶやきが頭から離れず、胸がジンジン熱くなった。

確かに過去の番組を見ると、障害者はかわいそうな存在として描かれてきたものが多かったかもしれない。そんな番組にはしない。社会が「障害者」として見る人たちは、決して遠い存在ではなく、ふつうに誰の隣にもいるし、同じはずだ。子どもたちの「春のうた」で、今までとは違う世界を伝えられるかもしれない。そう思った。

第三章

手話を大切にする学校が生まれた背景

明晴学園の開校からまもない時期に撮影された集合写真

†手話が禁じられた過去

　手話を大切に育む明晴学園が誕生したのは、二〇〇八年。ろう者が手話で学べる場を求めて創立した、悲願の学校だった。立ち上げ当初から一貫としてある思いを、校長の榧先生はこう語る。

「明晴学園では、子どもたちのことを〝耳が聞こえない子ども〟ではなく、聞こえないことを当たり前の状態として〝目の子ども〟として捉えています。生まれた時から自然にさまざまな情報を目から得ることができる。私たちは子どもたちをプラスの視点で見ています」

　それは、これまでのろう教育を覆す視点だった。

　実は、多くのろう学校では、一九九〇年代初頭まで、手話が禁止されていた。ＮＨＫに残っていた一九五八年放送「日本の素顔」という番組には、ろう学校の子どもたちが、鏡に映った自分と先生の口元を見ながら「あー……、あー……」と発音練習する様子が映し出されている。長い間、日本のろう学校では、「口話法」と呼ばれる教育が主流だった。

口話法は、「音声言語を発音させ、また口の形からそれを読み取るもので」、聞こえる人と同様に「音声言語によってコミュニケーションを行うことを目指したもの」だ（米川明彦『手話ということば』九三頁）。聞こえない子どもたちが、音声日本語が主流の社会に出たときに、困らないようにという考えから行われてきた。そして手話は、この口話教育の妨げになるとみなされ、教育現場では徹底的に禁止された。

二〇〇六年、読売新聞に掲載された元ろう学校校長の投書にはこうある。

最近、聾学校への「手話の導入」が叫ばれている。……しかし、手話の導入には注意を要する。……残存聴力の発達や読話（読唇）の獲得への障害になりかねないからである。……私は長年北海道の聾学校に勤めてきたが、聴覚口話法の指導は並大抵のものではない。手話を使わせないため両手を縛って教えたこともある。発音指導で、奥舌を使う音を定着させるのに1か月かかったこともあった。残存聴力を引き出すために、「今日はできなくても明日は聴こえる」と信じて、音楽テープを何度も聞かせた。

そうするうちに子供たちは、聴力を少しでも発達させ、音声言語としての「ことば」を認識し、相手の唇から「ことば」を読み取れるようになっていく。

（森川佳秀「［論点］聾学校の言語教育　手話よりも「読唇」優先で」読売新聞二〇〇六年一二月七日付）

努力すれば、どの子もみんな「音声言語のことば」を獲得できると信じ、教育現場は口話教育〝一辺倒〟だったのだろう。

社会も手話を偏見の目で見ていた時代であり、手話は長年「手真似」「猿真似」と否定され続けてきた。

しかし、音をまったく聞いたことのない子どもが、この方法でことばを獲得することは、簡単なことではない。「百種類以上の音をわずか十六種類程度の唇の形から区別し、相手の話すことを理解しなければなりません」「その困難さは、防音装置つきのガラス室の中から、外で話されている外国語を学ぶようなものだ」（木村晴美、市田泰弘『はじめての手話』二二三頁）と言われる。さらに手話を奪われてしまったとなると、果たして十分な言葉を獲得することはできたのだろうか。

校長の榧先生も、口話教育を受けてきた一人だ。

「昔（のろう教育）は、日本語の獲得だけを目標にしていました。でも、すべてのろうの子どもが、日本語をスムーズに獲得できるわけではありません。個人差があります。なかには日本語を十分に獲得できた人もいますが、日本語も手話もどちらも不十分になってしまう人もいます」

†「ろう」のまま、手話で学びたい

榧先生と共に明晴学園を立ち上げた、小学六年生担任の小野先生も、同じく厳しい口話教育を受け、葛藤したという。

「ろうであることを否定され、口話によって聴者に近づくように教育をされてきました。ろうを肯定してくれる場がありませんでした。あんなにがんばった口話訓練で、得られたものはありません。何も記憶に残っていないのです。教育は、人生において重要なものです。聴者と対等の位置からスタートする教育がこれまでありませんでした。手話で学ぶ選択肢がなかったのです。だから、自分たちで学校を作るしか方法はなかったんです」

（明晴学園では、音声で話し、聞こえる人を「聴者」と呼ぶ。この言葉はほかの取材現場でも使われていたが、聞こえる人のことを「健聴者」「健常者」と表現する人もいる。だが、「健」という文字が入ると、「では我々〔ろう者・難聴者〕は、健康ではないのか？」と快く思わない人もいる。）

榧先生が言うように、口話教育で日本語を獲得できた子もいただろう。だが全員ではない。「ろう学校は日本語学校になってしまい、しかも子どもの人格や人間性は無視され、聞こえる人と同じようになることを目指してきた」「また、口話ができる人間が優秀で、できない人間はだめだとする人間観がろう学校のなかにできあがってしまった」という（米川明彦『手話ということば』一二〇－一二一頁）。

一九九〇年代後半、榧先生や小野先生と同じように口話教育〝一辺倒〟の教育をうけ、疑問を感じてきたろう者や、その同志が集まり、立ち上げたのが、明晴学園の母体となるフリースクール「龍《たつ》の子《こ》学園《がくえん》」だ。

ろうの子どもたちには「子どもである」という当たり前のことを基本にし、知りたい、学びたいという知的好奇心を育て、豊かな感性を伸ばしていってほしい。自分に自信をもち、仲間と語り合い、お互いを高め合い、支え合えるような人間になってほしい。子どもたちの人間としての成長、これが私たちの一番の願いだ。（中略）（龍の子学園パン

フレットより抜粋）

（全国ろう児をもつ親の会編『ぼくたちの言葉を奪わないで！』一一一頁）

そして、この学園最大の特徴は、ろう学校で長年禁じられても、ろう者の間で引き継がれてきた「日本手話」で学べることだった。「日本語の獲得」を第一に目標としてきたこれまでのろう学校とは、逆を行く教育方針だった。

†口話で育った私

かくいう私は、わずか一年半ほどではあるが、口話教育をうけ、日本語を母語とする難聴者だ。そして初めて告白するが、実は少し前まで、口話と手話の違いがよくわかっていなかった。というのは、どちらも会話をする手段にしかすぎず、音声で話したい人は口話を覚え、手話で話したい人は手話を覚えれば良い、どちらも個人の自由で取得できるものなのだろうと思いこんでいた。そして、自分が補聴器をつけ、口話で生活してきた経験から、「聞こえる人は手話ができないのだから、聞こえない人はみんな口話を覚えれば、スムーズなのでは？」と恐ろしいことを思っていた。

その考えが大きな間違いであったことに気がついたのは、社会人になって半年後、一時的に聞こえなくなった経験からだった。朝、自宅のベッドで目を覚ますと、壁・天井が溶けるように落ちてきた。視点が定まらず、目に映るものすべてが、ぐるぐると回り続ける。目まいと、急激な聴力低下が起き、二カ月ほどの入院期間、そして回復するまでの半年間、補聴器を一切つけず、無音のなかで生活をした。

目まいが落ち着き、あとは聴力の回復を待つだけとなったころ、私は口話でなんとか乗り切れるだろうと楽観していた。しかし、それはとても甘い考えだった。

見舞いに来た友人たちが、ゆっくり話しかけてくれるが、ほとんど読み取れない。次第に、友人同士で会話が盛り上がり、目の前で談笑が広がっていくが、ますます内容がつかめない。医者からの病状説明を聞いても、同様に何もつかめない。母親に筆談をしてもらったが、ある程度の会話が終わった後に、要点だけがメモされる。「今後どうなるのか?」と質問をしても、すでにその説明は終わっていることが告げられる。「おはよう」「元気?」など、想像のつく単語は読み取れたが、無音のなかで飛び交う会話をキャッチすることは、一〇〇パーセント無理だった。

さらに、自分が話すと、「なんか発音が変」だと言われることが度々出てきた。しかし、そう言われても、自分の声が聞こえないので、何がどう変なのかもわからない。直しようがなかった。

この時に初めて、私はこれまで、多少の音声が聞き取れることが前提で、口話を獲得してきたのだと理解した。もし最初から、私がまったく聞こえない状態で生まれ、口話だけを強制されていたらどうなっていただろう。きっと言葉を獲得することも、人とコミュニケーションをとることもできなかっただろう。

聴力によっては、私のように口話が合った人もいる。だが、全員ではない。その見極めは非常に難しいものだけれど、一人ひとりに合う生き方が尊重されるべきだと思うようになった。

そして自覚したのは、人は自分の経験のなかでしか想像力が働かないということだ。補聴器を外せば聞こえない世界にいた私ですら、口話の難しさ、そして生きにくさを、経験するまで理解できなかった。きっと、聞こえる人は、この世界を理解するのがもっと難しいのではないだろうか、と気がついた。

このときは奇跡的に半年で回復したが、その五年後に再び異変が起き、私はかつての聴力に戻ることはなく、現在に至る。聞こえていたものが、徐々に聞こえなくなるという、

「喪失感」に悲しんだ日もあった。

だが、それ以上につらかったのは、自由にコミュニケーションがとれなくなったことだった。何かを話しかけられても、周りが楽しそうにしていても、よくわからない。ひとまず、周りに合わせて相槌をうつ。自分から話しかけるときは、相手に筆談をお願いしなければならない。本当は誰かと話したくても、黙って過ごす時間が増えた。

†日本手話と日本語対応手話

その後、私は第一章で書いたように、上司から「武器を持て」と助言されたことをきっかけに、都が主催する手話講習会に通い始めた。私が通った講習会は毎週金曜の夜六時半から八時半まで、港区にある東京都障害者福祉会館で開催される。難聴者・中途失聴者向けに開かれているもので、私が参加したクラスは一五人ほど。二〇代から六〇代くらいまでの人がいただろうか、年齢はまちまちだ。

今振り返ると、当時私が身につけたのは、「日本語対応手話」と呼ばれる手話だったのだと思う。その名の通り、日本語に対応していて、声（日本語）に合わせて、手を動かす。例えば、「私の名前は長嶋です。」を表す場合、「私（の）」＋「名前（は）」＋「長嶋」＋

「です」と、日本語の語順に合わせて手を動かす。取材で各地に行くと、人によっては（ ）の助詞も、丁寧に指で表す人もいた。

音声とともに育ってきた難聴者や中途失聴者は、聞き取れないところを「日本語対応手話」で補ってもらうと、読唇よりも、かなり楽に言葉（日本語）をつかむことができる。私が難聴者同士でおしゃべりするときは、声を出しながら、この対応手話を使うことが多い。

だが、明晴学園の子どもたちに、この手話で話しかけると、まったく通じなかった。子どもたちの言語は、ろう者の間で受け継がれてきた「日本手話」だった。これは、日本語の語順とは必ずしも一致せず、また、手の動き以外にも表出するものが規則的にあり、文法的な役割を果たす。

例えば、先ほどの「私の名前は長嶋です。」を日本手話で表す場合、「私」「名前」と単語を表すことに加え、「名前」の手話をしながら、顎をひき、眉を上げて目を見開き、最後に軽くうなずく。次に、顎などは元の位置に戻して「長嶋」と名前を表出し、最後にうなずく。文章では説明が難しいので、ぜひ子どもたちに教わってほしいが、このように、手の動き以外にも顎、目、眉、口を含む顔、そして、うなずきなどの動きが必要になる。

そのため、手だけを動かしても、日本手話を使う子どもたちにはうまく伝わらない。「手話は表情が豊かですね」と言われることがあるが、オーバーアクションなわけではなく、手話という言語のルールが、そう見えるだけだったりする。

今挙げた例文は、英語の「My name is Nagashima」と同じくらい初歩的だが、日常会話レベルになると、どの言語にもあるようにさまざまな法則があり、日本語と日本手話の違いは際立っていく。

明晴学園の取材と並行して手話教室に通い、日本手話を少しずつ覚えていくと、不思議なことに、相手の言葉がぱっと頭に入ってくる感覚を経験するようになってきた。

いつもは集中力を働かせながら、音声を聞き取って、さらに文字通訳の文字を見て、それでも状況をつかめないときがあるのだが、日本手話は目にしただけで「わかる」、という感覚だった。なんというか、昔、今よりもよく聞こえていたときに、頑張らなくてもその音声が何であるかを認識できたのと同じように、「見て、わかる」ので楽だと感じた。

†自由にコミュニケーションできる言葉を持つ

こんなふうに、私と明晴学園の子どもたちは、言語もコミュニケーション方法も違った。

だが、そのことは自分にとって、あまり重要ではなかった。

都の手話講習会に通ったことで得た一番大きかった収穫は、初めて、自分以外の難聴者と出会ったことだ。共通して皆、手話ができず、聞こえにくかった。会話しようとすると、どうしても声が先に出てしまう。だがそれでは互いに十分伝わらないので、教わった手話を一生懸命思い出しながら、口の動きと一緒に手を動かす。なんとか通じ合うと、それだけで心からほっとし、嬉しくなった。自由に話せること、相手から言葉が返ってくること、それを自力でキャッチできること。以前は、ごく当たり前のことだったことが、同じ難聴仲間に出会ったことで、ようやく取り戻せるようになった。それからは、日本語対応手話もすごいスピードで身についていくようになった。

こうした経験から、私にとって生きることとは、「聞こえる・聞こえない」には関係なく、「人とコミュニケーションできること、自分らしく生きられること」になった。なので、私も子どもたちも自由にコミュニケーションをとれる言葉を持てること、その環境を整えてもらえることが、大事だと考えている。口話で育って生きてきた私が、手話の子どもたちを取材してきた根っこには、一貫としてその思いがある。

話を元に戻す。明晴学園の母体となる「龍の子学園」が生まれたのと同じころ、この学園に通う、ろう児の保護者や、ろう学校で手話の使用を認められず、苦しんできたろう児の保護者たちによって、「全国ろう児をもつ親の会」が結成された。

> ろう学校では手話で教えてはおらず授業の進度がおそく、実際の学年よりも一〜三年下の教科書を使っていることが多い。先生は手話がわからず、子どもたちは先生との意志疎通もままならないのが現状である。以前よりこうした問題について親たちも疑問に思っていたが、改善されないまま現在に至っている。日本のろう教育は誰を主体として考えられ、誰にとって都合の良い教育なのか
>
> （全国ろう児をもつ親の会編『ぼくたちの言葉を奪わないで！』五頁）

†「日本手話」で学ぶ選択肢を求めて

手話で学びたいと思っても、その〝選択肢〟が用意されない現状に、声をあげる動きが高まり、ついに二〇〇三年五月、一石が投じられた。

全国のろう児とその保護者一〇七人が申立人となり、手話による教育を選択する権利が侵害されていると、日本弁護士連合会へ「人権救済申立」を行ったのだ。これ以降の動きについては、斎藤道雄『手話を生きる』にわかりやすくまとめられているので、参考にしながら、経緯を記す。

文部科学省は、ろう学校において日本手話による教育を受けることができないことによって、教育を受ける権利及び学習権（憲法二六条）並びに平等権（憲法一四条）を侵害されている申立人らを救済するため、日本手話をろう学校における教育使用言語として認知・承認し、ろう学校において日本手話による授業を行う。

（小嶋勇監修、全国ろう児をもつ親の会編『ろう教育と言語権』二九六頁）

「申立」を受けた日弁連は調査・研究を行い、二〇〇五年に「手話教育の充実を求める意見書」をまとめる。国に対し、手話が言語であることを認め、そのための施策を講じるよう求めるためだ。こうして、「手話を教育の中で正当に位置づけ、教育現場における手話の使用に積極的に取り組み、手話による教育をうけることを選択する自由を認める」（日本弁護士連合会ホームページ「手話教育の充実を求める意見書」）などの内容を盛り込んだ意見書は、同年四月一三日、日弁連によって文部科学省に送られた。

だが、この一連の動きは関係者にとって、手放しで喜べるものではなかったようだ。〇三年、ろう者の組織、「全日本ろうあ連盟」は、申立について難色を示していた。

申立書では手話を「日本手話」と「日本語対応手話」に二分し、峻別しています。（略）現実のろう者のコミュニケーションとしては、手話はさまざまな形で使用され、安易に二分できません。（略）手話を、ろう者の現実のコミュニケーションから離して、抽象的・理念的定義に無理に当てはめ二分してしまう考え方は、ろう者の現実を無理に分類することであり、結果としてろう者を分裂させる恐れを孕んでいます。万が一、コミュニケーション方法の優劣を論じることに結びつくと、逆に人権侵害につながる恐れなしとしません。連盟はもっと広い意味での手話の導入と、児童・生徒間での手話による自由なコミュニケーションの保障を全国のろう学校で実現させることが、現時点における全国共通の目標になるものと考えます。

（財団法人全日本ろうあ連盟「「人権救済申立」に対する全日本ろうあ連盟の見解」）

結果的に、日弁連が公表した意見書では、「日本手話」という文言が消え、「手話」に変わった。

正直に言うと、私はこうした歴史をちゃんと知らずに、明晴学園の取材を始めていた。私にとっては、明晴学園の子どもたちが伸び伸びと育っているという、目の前の事実だけがすべてだった。

†大事にしているのは、ろう児が「言葉」を育めること

その後も、日本手話で学べる場を求める動きは続いた。二〇〇八年、東京都が「手話と書記日本語によるバイリンガルろう教育特区」として認定されたことで、フリースクール「龍の子学園」の学校法人化が認められ、私立学校「明晴学園」が誕生することになった。

創立当初から大切にしているのは、手話を「第一言語」とし、校内どこでも手話が通じる環境を作っていることだ。校長の榧先生はこう語る。

「子どもたちみんなが〝母語〟を持つ、そして自信を持って使える言葉を持つということ

です。ろうの子どもにとって、それができるのが自然言語である〝日本手話〟です。普段の生活から授業まで、全て手話でわかる環境をつくることにこだわっています。子ども同士とまた先生も、一〇〇パーセントお互いの言葉がわかる。なので、それぞれ意見を話し合えるんですね」

幼稚部では毎朝、子どもたちが一人ずつ、先生に連絡帳を提出するために列をなす。連絡帳を出した男の子に、先生が質問する。

「今日は何日かな？」

小さな指を動かしながら答える。

「七月……」

「そう、七月……」

男の子は、カレンダーに目を向けるが、数字がまだ読めないようだ。「二〇……」と自信なさげに指を折りまげると、先生が「一八よ」と手話で教えてくれる。先生の手と同じ形にしようと、小さな手を動かすがうまくいかない。先生が、男の子の指をそっと動かして、手を八の形にしてくれた。

その様子を見ていた上級生たちが、列の後ろで、「ぼくは簡単にできるよ！」とでも言いたげに、「一八！」と指を折り曲げて、友達同士で見せあっている。子どもたちは今日も手話という言葉のシャワーを浴びながらすくすくと育っていく。

†明晴学園を選択した保護者の思い

ろうの子どもたちが思いのまま、手話で深く学べる環境に惹かれて、明晴学園には全国から子どもが集まってくる。私が取材していた当時は、毎日、静岡から新幹線で通ってくる小学生が二人もいた。

「春のうた」の詩の世界観を豊かに描いてくれた、四年生のココロは、明晴学園に通うため、北海道から家族全員で引っ越してきたという。ココロは聞こえる両親と、お姉さん、そして同じろうの弟、五人家族だ。聞こえない子どもの九割は、聞こえる親から生まれるといわれる。

ココロが生まれるまで、両親は手話とは無縁で生きてきた。ココロが一歳の時に聞こえないことがわかると、すぐにさまざまな情報を調べ、一週間以内には「手話での教育」を決断したという。いちばん共感したからだという。

ココロのお母さんは言う。

「聞こえない子どもが自由に自分の気持ちを表現したり、話したりできる言語っていうのは、「音で学ぶ日本語」ではなくて、「目で学び、目で取り入れる言語の手話」であるという考え方に、私も主人もすごく納得がいったので。じゃあ、手話でいいじゃないか、という考え方ですね」

母子だけで山梨から引っ越してきた人もいた。子どもたちを明晴学園の幼稚部に通わせるために、仕事がある父親だけが単身山梨に残ったのだ。お母さんは子どもたちの変わりように驚いているという。

「子どもが「すごく楽しい」と言って、喜んで通ってくれる上に、たくさん話してくれます。以前はほとんどしゃべってくれませんでした。明晴学園に入ってからは、二人ともおしゃべりが止まりません」

†ハルカの家族、ハルカの言葉

手話で自由に生きられることが、いかにかけがえのないものかを教えてくれる家族とも出会った。

初めて顔を見た時から、明晴学園が大好きで仕方がないことが、全身から伝わってくる子がいた。六年生のハルカだ。学校でインタビューをお願いしたとき、こんなことを語っていた。

「この学校が、すごく好きです。もしここがなければ今の自分はなかったと思うし、ろう者の世界はなくなって、聴者の世界が大きくなっていったかも。この学校ができて本当に良かったです」

小さな子どもが、ここまで自分の通う学校に、感謝の念を抱くことがあるだろうか。

ハルカに惹かれて、自宅にもお邪魔させてもらった。ハルカの自宅は埼玉だ。毎日片道二時間かけて通学している。両親と三人家族。全員、ろう者だ。

訪ねた日は、三月のうららかな日曜のお昼。母親が食卓に運んだ昼ごはんのお皿から、ハルカがゆで卵をよけると、父親が手話で話しかける。

「卵、食べられるんじゃないの?」

うるさいなあというような顔をして、ハルカが手話で答える。

「お父さんも嫌いなものあるでしょ?」

「苦手な食べもの……、特にないよ」

「嘘だぁ、かぼちゃでしょ」

手話で語り合うハルカと両親

ハルカはちょっぴり反抗期のようだった。学校では笑顔なのに、父親にはすました視線を送る。母親はそんな父と娘の会話を愛おしそうにニコニコと見つめている。どこの家庭にもある、ありふれた親子の日常だ。

でも、ハルカの両親にとって、こうした食卓を囲めるのは、ハルカが生まれてから味わった、初めての経験だという。母親のハルミさんが教えてくれた。

「私の両親は聴者なので、口話で厳しく育てられました。両親は手話ができません。でも口話での会話は、全て思うように通じるわけではありません。おそらく両親には、半分も伝わっていなかったと思います。家族で深い話はできませんでした」

ハルミさんは、家庭でも学校でも、手話を禁止され、聞こえる人に合わせて生きるよう育てられた。

学校では、聞こえる先生が何を話しているのかつかめず、質問をしても、会話が成立しない。そのうち、先生の言う通りに動くだけになり、全てが受け身姿勢になったという。社会人になってから、「ろうであること、手話で生きること」を肯定する当事者の活動を知り、手話で生きるようになった。

ハルカを授かったことがわかったとき、ハルミさんは、「聞こえる子どもが生まれるだろう」と予想していた。子どもの名前は、自分が発音しやすい単語を選んで「ハルカ」にしたという。私はそんな名前の付け方を初めて知った。だが、ハルミさんの予想は外れ、生まれてきた赤ちゃんは、ろうだった。

「ハルカが〝ろう〟だとわかって、最高にうれしかったの。プレゼントをもらった気分でした」

†二つの視点から生まれたインタビュー

このハルミさんの言葉は、番組の中で反響の多かったシーンの一つだ。聞こえる視聴者の想像を超えた言葉だったようだ。だが当初、私はこのインタビューを撮影するつもりはなかった。

実は、事前取材で私はすでにこの話を聞いていた。だがそのときは、「本当にそうですよね」と受け止めるだけで終わっていた。かつて、聞こえる両親とうまくコミュニケーションがとれなかったハルミさんが、ろうのハルカを授かり、「ろう同士ならば、手話で深い親子のコミュニケーションがとれる」と喜ぶ思いは、自然なことだと思ったからだ。

いつも番組の構成を考えるとき、私は取材をもとに、現場で何を発見したか、何を面白く感じたかをポイントにして、内容を組み立てる。そのときに、ハルミさんの思いは、私にとって〝発見〟ではなかった。私は難聴者の一人として、ハルミさんに共感していた。「聞こえる視聴者は、ハルミさんの話に驚くかもしれない……」ということも、なんとなく予感はした。だが、その気持ちはそれ以上、考えないように封印した。何かがブレる気がしたからだ。

当時のことを思い出してみると、おそらく私は、難聴の自分の視点から描けるものを探していたのだと思う。今回の番組は、社会が聞こえない人に抱くイメージを変えたくて制作していた。そのときに、〝制作側の視点〟を〝聞こえない立場〟にしたかったのだと思う。

これまで、ほかの番組の制作過程で、私はしばしば迷うことがあった。ナレーションコメントを書くとき、主語は誰なのか。例えば「私たちの暮らしは、大きく変わりました」といったとき、「〝私たち〟って、誰を指しているんだろう。聞こえない人の視点で番組を見たとき、本当に〝私たち〟って言えるのかな」と、自戒を込めて考えてしまったりする。そんなことを言い始めると、キリがないのだが、今回の番組では、主語や視点を聞こえない側へシフトできないかな……ということを目論みながら、取材をしていた。

ハルカの自宅へ向かうロケ車の中で、少し迷ったが、カメラマンの中尾潤一さんには、ハルミさんから聞いた話をすべて共有することにした。渡した取材メモには、一応、「ろうの子が生まれてうれしかった」と語っていた話も、さりげなく添えておいた。だが、それには触れず、インタビュー要素を説明していると、中尾さんは目ざとくその添え書きを見つけ、「いやいや、それよりもこっちだろ！　大事な話だ！　絶対に撮るぞ」と想像以上に強い声で言った。

中尾さんにそう言われて、パチパチッと何かが弾けるように目が覚める感じがした。取材に入り込みすぎたディレクターが、カメラマンの助言で視野が開けることはよくある。今回も同じだったかもしれない。でもそのときは、どこか二つの視点が混ざり合うような感覚を抱いた。

それまでのロケは、難聴の私が伝えたいことを念頭に置いていた。だがそのロケ車内での会話を通じて、「二つの現場に対して、難聴の私と聞こえるカメラマン、〝二つの視点〟から伝えたいことがある」、それで良いんだ、と思った。そして、中尾さんがハルミさんの言葉を大事にしてくれること自体が、私にとって発見だった。

そんな私と中尾さんの視点が相まって、ハルカの家族のシーンは、特段何かが誇張されるわけでもなく、でも、一つのメッセージになるインタビューとなった。私の視点だけでは作れなかった、大切なシーンが生まれた。

【制作チームインタビュー❶】

カメラマン　中尾潤一「人は絶対、表情に出る」

〈プロフィール〉一九七九年NHKに入局。技術部に所属する。カメラ・音声・照明・映像等の技術を兼務しながら撮影技術を習得し、ロケ番組、エンターテインメント系番組や高校野球・プロ野球・駅伝などの中継業務にも携わり、カメラマンとしての幅を広げる。
渋谷放送センター（東京）、大阪放送局、静岡放送局にて、NHKスペシャル「大モンゴル」「東京裁判への道」「埋もれたエイズ報告」、「いま地球の子どもたちは　モザンビーク・内戦の子どもたち」、「にんげんドキュメント『光れ！　泥だんご』」、「ろうを生きる難聴を生きる」「ハートネットTV」などの撮影を担当。現在（二〇二〇年）は株式会社NHKテクノロジーズメディア技術本部番組技術センター撮影部チーフ・エンジニア。

中尾　あ、長嶋さんにリポD持ってくるの忘れたよ。持ってこようと思ったのに。

――そんなにお疲れなんですか⁇

長嶋　中尾さん、いつもリポビタンDを持ってきてくださるんですよ。

中尾　席に置いておけば、私が来たってわかるので。

長嶋　いつも優しいんですけど、業務中はビシっと決める名カメラマンなんですよ。中尾さんが撮影した「にんげんドキュメント『光れ！　泥だんご』」（二〇〇一年）は、ＮＨＫに入った新人が必ず観ろと言われる番組です。

中尾　いやいや……。

――恐縮ですが、今日は本当に基本的なところからお話を伺わせてください。「静かで、にぎやかな世界」は、手話通訳と文字通訳を入れて撮影が行われたと聞きました。この体制で、ロケはどのように行われたのでしょうか？

中尾　ロケには、私と音声マン、そしてディレクターとで行きます。今回もその意味では通常どおりのロケですが、それに加えて、私たちに会話の内容を伝えてくれる手話通訳と、長嶋さんの隣に文字通訳がつきます。手話通訳の話す内容を、文字通訳がパソコンや筆記で伝えるという段階を踏んでいました。

広い場所ではいいのですが、狭い教室で大人数が動くと授業の妨げになるので、そんなときはカメラマンと音声さんと手話通訳の三人が教室に入るようにしました。長嶋さんと文字通訳は教室の外にいてもらったのですが、やはりディレクターとしては現場で見たいですよね。そのために、撮影している映像は長嶋さんに渡したモニターにワイヤレスで、手話通訳の音声も文字通訳にワイヤレスで飛ばして、通訳が文字にして伝えていました。

――つまり、長嶋さんは教室外のモニターで映像とテキストを同時に見られている。

長嶋 私が一番楽だったんです（笑）。映画監督のように映像を見て、みんなが働いてるっていう。

――中尾さんご自身は、手話は……

中尾 わかりません。

――手話通訳の方がいると言っても、どのようにどこを撮るか決めるのでしょうか？

中尾 自分が持つカメラとは別に、全体を撮る引きのカメラを一台置きました。先生と生徒が同時に話していたりすることもあるので。あとは生徒が挙手をしますし、しゃべるタイミングが表情に出るんです。そのなかで、どの子がしゃべるかな？ と感じながら撮影していました。

それに私は「ろうを生きる 難聴を生きる（以下、ろう難）」（Eテレ）も何本かロケしていたことがあり、その点では経験値があったので、この番組を撮るにあたって、そんなに苦労はありませんでした。ただ、手話が大きい子とか小さい子とかいろいろと特徴があるので、それを見極めるのに時間はかかりました。手話が画面の中で切れてはいけないので、この子は大きいしぐさで手話する、この子はそうじゃない、というのを把握する必要があったんです。
長嶋　いや、「ろう難」の経験者だからって、かならず撮れるわけではないんですよ。もう一台カメラを置いたって言っても、デジカメを三脚で立てて教室の後ろに置いただけで、今回はその映像はほとんど使わなかったんです。それだけ映像がありました。

聞こえない人たちの世界は目の世界だと知る

――はじめて聴覚障害がある方の撮影をしたのが、「ろうを生きる　難聴を生きる」ですか？

中尾　そうですね。いちばん最初の「ろう難」は、広島の漁師さんの取材でした。ご両親が難聴で、ご自身も難聴という方で。手話通訳は帯同していたので、その方を通せば楽なのですが、通訳さんを通して相手を感じる……のではなくて、その方の言いたいことというものをどう感じ描こうか、というのはそのときも試行錯誤していました。

今回もそうですが、聞こえない方は視覚が大切なんですね。その方は漁師ですから、もちろん海に出るのですが、最初は「危ないんじゃ？」と思うんですよ。汽笛なんかも聞こえないわけですし。でも海に出た途端、ずっと見ているんですよ、いろんな方向を。それを見て、あぁ…音でつかむ情報を視覚で捉えているんだと感じました。口話教育は受けていたようですが、船の上では四方八方を見ているのでまったく質問もできず……思いを聞くこともできず……。

――聞こえない方が視覚の世界で生きているということを、カメラを通して伝えるというのは、言葉にすると複雑で不思議な感じがします。

中尾　この「ろう難」と同時期に、パラリンピックに出場した視覚障害者を追った「にんげんドキュメント『雪原のふたり』」（二〇〇二年）の撮影をしていましたが、視覚障害者は逆に音で周辺状況を捉え、触覚で物の形や特徴を知るんですよ。その他に、大阪局時代には脳性麻痺の書道家の方を取材したり、静岡局時代に沼津の盲学校の野球部を描いた「熱闘〝静かな甲子園〟」（二〇〇八年）を担当するなど、障害者に寄り添うドキュメンタリーを「ハートネットTV」をはじめ、さまざまな番組で数多く手掛けてきたことで描き方を学びました。

また、「光れ！　泥だんご」をはじめとして子どもたちを撮影することも多く、この「静かで、にぎやかな世界」についても、ろう学校の取材であれば中尾に、ということで指名していただいたと思います。

†子どもたちの心をつかんだ「じゃんけん」

――番組の最後に、「明日も来てね。本当よ、約束」と女の子とカメラマンが指切りをするシーンが印象的でした。関係性が伝わってきて素敵だな、と思ったのですが、どうやってこの距離感が実現したのでしょうか。

中尾　ろう学校の取材にかぎらず、何かで子どもの心をつかまないと、カメラを異物に感じてしまいます。それを感じさせないために、何でコンタクト取ろうかと考えて……手話はできないし、そのなかでどうするか……って。それで、じゃんけんです。

――じゃんけん？

中尾　子どもたちが挑んできたら、撮影中でなければ断らずに受けていました。

――最初は、中尾さんが「じゃんけんしよう」って寄っていったんですか？

中尾　最初はそうでしたね、確か。休み時間にふと思いついてやったんです。途中からはもうグーを出せばじゃんけんが始まって、勝ったら勝ったで大きくリアクションをして。

――それからは手話通訳を通じてお話をしたり。

中尾　何かあればそうですが、筆談もありますね。子どもたちが書いたものを見せてきたり。ろう学校でもどこでも、子どもが聞いてくることって同じですよ。「結婚してるの？」「なぜヒゲを生やしてるの」とか（笑）。

長嶋　条件だけで言ったら、私のほうが多少手話がわかるし、聞こえないっていうことで距離が近いはずなのに、私はどちらかというと第三者というか。中尾さんと子どもが楽しんで、私がうんうん悩んで（笑）。

中尾　ははは。

長嶋　卒業生のヒロも、中尾さんをすごく信頼していました。

――ヒロくんがひさしぶりに小学部の教室に行って、「夢の国みたい」と言うシーンがありました（第六章）。明晴学園と外の世界の対比が端的に伝わってくる場面ですが、小学部の教室で撮るというのは中尾さんの発案だと伺いました。

長嶋　中尾さんとヒロがどんどん教室に入っていって、私は「これいる？」って思いながらついていっただけ。

中尾　過去のことを話すときって、シチュエーションが大事なんです。学校のことなら、教室で聞くのが絶対にいろんなことが思い出せる。昔の話をするときも、友達とするとたくさん出てくるでしょう。「踊る大捜査線」の有名なセリフではないですが、「現場」がいちばん、さまざまなことを語れる、思い出せる、視聴者には想像できる場になるんです。

――どこで撮るかというのは、ディレクターと話して決めるものですか？

中尾　そうですね。話し合った上で、「こんな場所、いいんじゃない？」って提案したり。

長嶋　どこでインタビューができるのかをアイディア出しして、教室というのは中尾さんが提案してくださったんですよね。卒業生のその先を知るためにヒロの取材をしていたから、実は私、「なんで過去の話を撮りにいくんだろう」って思っていました。まあでも、中尾さんの場合は映像がすべてを物語るので、説明されるより、もう行ったほうが早いかって（笑）。

中尾　（笑）。

――映像を見てみたら、納得しましたか？

長嶋　びっくりしました。こんな表情をするんだって。

ヒロと中尾さんがはじめてしゃべったのって、明晴学園の応接室ですよね。このときに中尾さんがヒロに「飲みに行こうよ」って伝えたら、「いいっすよ」って。なんだよ！私が言ったら断ったくせに！（笑）。「なんで中尾さんはいいの？」って聞いてみたら、「信頼できそうだから」って。

――扱いが違う！

中尾　ヒロくんは野球をやっていて、キャッチャーなんですよね。私もキャッチャーをやってて、野球をやっている者同士のつながりも多少、いい方向に働いたのかもしれません。カメラマンの仕事にも興味を持ってくれました。

ヒロくんの撮影については、「あなたの隣にも、難聴者・ろう者はいるかもしれない」ということを伝えるために、通りを歩く様子や大学のシーンも不可欠だと考えていました。ヒロくんは恥ずかしかったでしょうが、受けてくれたのは私との信頼関係というか、明晴学園の一期生という責任感なのかなあ……定かではないですが。

†音声が必要かどうか議論に

――長嶋さんと中尾さんは、どのようにコミュニケーションをとりながら撮影を進めていったのでしょうか？

長嶋　私がコミュニケーションをとれていたかはわからないです。うまく説明ができなくて、なんかこんな感じ、としか言えなくて（笑）。撮れた映像を見たら欲しいものが本当に全部あったので、中尾さんがうまく汲み取ってくれたんだと思います。

中尾　でも「今日の取材はこうしたい」とか、メモでくれるんですよ。行きのタクシーの中で、ほぼ筆談か、スマホを使ってちらちら話すんです。たまに言葉をしゃべって音声認識アプリも使ったけど、変換がうまくいかず……。

長嶋　毎朝早かったので、文字通訳を現場集合にしていたんです。「車内での中尾さんとの会話どうしよう」って思ってました。

中尾　そこで「こう考えてるのね、じゃあこの現場はこうしよう」と。「おそらくこうなのかな？」っていう、ハテナマークのときもあるんですけど。その時のために、番組に入る前にディレクターが「こう作りたい」という事前情報をくれるんですが、私はそれをもとに、自分なりに撮影案をテキストにまとめているんです（写真）。

――かなり分量がありますね⁉

長嶋　中尾さん、ディレクターみたいなんですよほんとに。

中尾　曖昧なことや創作的なことを言うんですよ、ディレクターは（笑）。それを映像化するのがカメラマンなので。

打ち合わせのときには、長嶋さんがどういう考えを持っているのか、「ん？」と思ったらこれはどうなのって質問して、答えを書いていく。撮影を進めるほど変わっていくので、

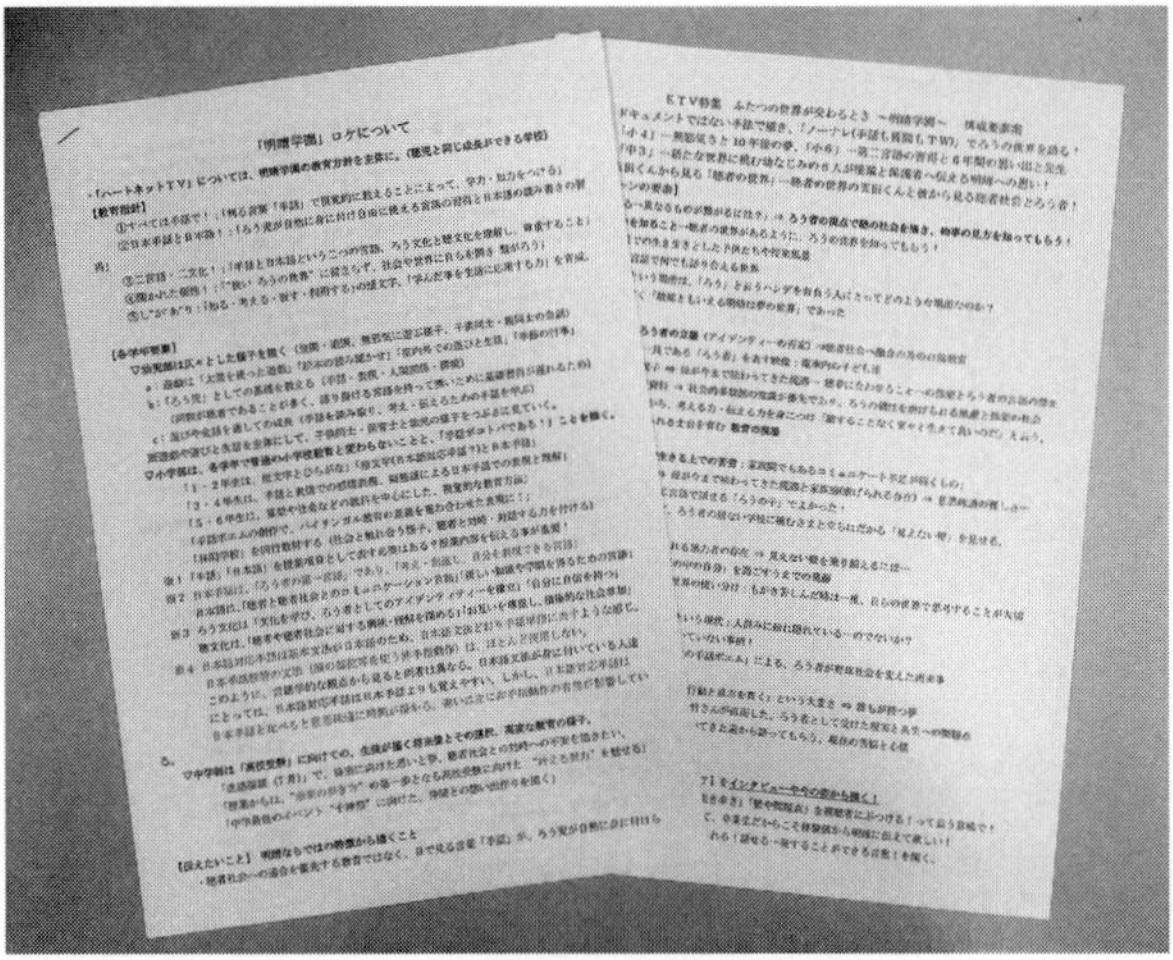

・「ノーナレ？」にするならば、▽注目するのは小学部？・中学部？　学年を決める！
※クラスの日々と出来事で描いていく！
▽音声はＳＥのみ！　で、音楽も入れない！
▽コメントは「問い掛けや解説的な口調」を用いたＴ－Ｗで表記！
▽映像外からの言葉は、手話通訳音声をＴ－Ｗ で表記！
▽手話とは？　という部分を判り易く説明する！
a:スタッフの名前を指文字と日本手話で云ってもらう！(一文字毎 T-W)
b:友達とは名前で呼ぶの？ ニックネームを教えてもらう。
c:ニックネームを付けて貰う！（ネームの理由を聞く！）
d:手話で描き出す言葉の速さと読解力の凄さ！(スロー映像？)
（描き出す言葉毎に T-W をしてみると速さが判る）
▽子供たちに、将来の「夢」を訪ねる。
▽ 質問は「携帯用ホワイトボード」に問いかける内容を記して行う。
▽「週刊こども手話ニュース」を数人のこどもに依頼
・題材については、様々な事をニュース形式で表す
▽授業科目の内容を明確に説明する

中尾カメラマンがつくった撮影案

そのあたりも汲み取りつつ、案をつくっていきます。

長嶋　毎回いろんなロケで作ってらっしゃるんですか？

中尾　作ってるね。三色ペンやマーカーを使ったりして構成表に書き込むこともあるので、ものすごくカラフルになります、私の構成表は。ここは接写になるとかいろいろ書き込むので。

――なるほど、そうやって撮影プランを作っていくんですね。

長嶋　これが普通のカメラマンだと思っちゃだめですよ（笑）。

中尾　映像的なことだけではなく長嶋さんと議論をしたということでいうと、撮影に音声さんを入れるかどうかというのは話しましたね。実は、明晴学園から、「子どもたちの顔にマイクを向けないでほしい」「動くことで授業の妨げになるので、ブーム（撮影で使用する長いマイク）の使用を避けてほしい」という要望がありました。確かにしゃべらないのにマイクを向けるというのは、今までロケに入った音声マンがただ習慣でやってしまっていたと思います。

それを受けて長嶋さんはカメラマイクだけでいきたいと言ったのですが、私は、頑なに離れた距離から特定の音を拾うことに特化している416マイク（ショットガンマイク）

が必要だと言いました。

というのは、そこで聞こえてくる音があるわけです。静かでも、外の喧騒が聞こえたりする。鉛筆で書く音だけでも表現できることはあると思って。

――確かに、しゃべっていなくても、子どもたちの笑い声が印象的でした。

中尾　何気ない音でそのシーンが見えたりすることもありますからね。それを説明し、指定された条件下でマイクを使えるよう学校にお願いしてもらいました。だからこそ、意図を持った音づくりでなければならないと現場では試行錯誤しました。

†ろう者と聴者が同じ土俵で見られる番組

中尾　担当することになったときから、この番組はノーナレーションになればいいなと思っていました。
長嶋　プロデューサーの村井さんもそう言っていたのですが、私は早くに挫折していました。口話教育や日本手話といった難しい話をテロップだけでどう伝えられるかな、と……。
――ナレーションなしで番組をつくるには、やはり普通より説明用の映像が多く必要になるのでしょうか。

中尾　いや、私はそうは思っていないんです。要はヒューマンなわけですから、その人が何を言ったのかを積み重ねて描くのと同じように、彼らの手話で描ければいいなって。そういう番組はないので、トライしてみたい気持ちは持っていました。

あとはやはり、ノーナレーションであれば、聞こえる人とろう者が同じ番組を同じ土俵で見ることができるので。

――たしかにそうですね。

中尾　できたらいいな、くらいでしたけど。

長嶋　中尾さんが必要な映像を全部撮ってくださったし、編集の松本さんがうまくつないでくださったので、最終的にはノーナレーションでいけたんですよね。

映像を見て、中尾さんが本当に細かく計算して撮っているのがわかりました。

手話が切れないように撮ろうとすると、だいたいバストショットで、サイズが同じパターンになってしまうんです。でも中尾さんは、このシーンは広めに撮るとか、話のテーマが変わったから向きを変えてこう撮るとか、計算していて。

――どんな工夫をしていらしたんでしょうか。

中尾　授業中には、動く手の関係でほぼ一ショットにはせず、二ショットにして横の子どもの反応も含めて映像にしたり。一人の生徒に焦点を当てたい場合は、正面からだと左右の生徒も入ってしまうので、斜めから焦点を当てたい生徒だけにフォーカスが合うようにするとか、正面近くのローアングルから狙うことでタイトなサイズで撮影したり。場面場面で、ポジショニングを変えていましたね。

長嶋　私が一番驚いたのが、手話で話していることをリアルタイムで撮っていたことです。手話通訳の音声を介して聞いているから、手話とカメラワークはズレるはずなんですよ。例えば、出演者が「楽しい！」と言ったときに、音声で聞こえていればすぐにズームインできます。でも手話通訳を介していると、「楽しい！」って手話があった後に「楽しい！」って聞くから、タイムラグが生じるはずなんですが、そのズレがないんです。

――それは番組を見ていても不思議でした。どうやってタイミングを合わせているんでしょうか。

中尾　表情です。人は絶対表情に出るんです。これは手話だからということではなく、普通のドキュメンタリーでも同じで、言葉より表情を見ています。目の力って強いし物語るので。

明晴学園と並行してエジプトのピラミッドの撮影もしていたのですが、そのときも言葉はわからないので、通訳を介して撮影していました。言葉がわからない地域での取材はいつもそうですから、つねに訓練はしていることになりますね。

長嶋　なんか……中尾さんってろう者っぽいんですよ（笑）。普通の人よりも、いろいろな情報を目から得ているんですよね。

（構成／編集部）

第四章
明晴学園の特色ある教育

学校生活で起きる問題は、子どもたち自身が話し合って解決していく

†学校は子どもたちが作る

梅雨に入った六月。小学部では、あることが問題になっていた。終礼が始まった四年生の教室では、児童会委員のウララが、黒板の前に出てきて、クラスメイトに質問をしていた。

「忘れ物をした人はいますか?」

一人ひとりの顔を見ながら、カウントする。

「していない、ない……」

男子が二人挙手した。ウララが少し顔を引き締める。

「忘れ物をした人は、今後、注意して下さい」

実は、小学部では年度初めに、ある目標をたてていた。それが「忘れ物をなくそう」。しかし、新しい学年に慣れ、気が緩んだのか、忘れ物が一向に減らない。そこで児童会委員たちは減らす対策として、忘れ物をした人の「名前チェック」をすることにしたのだった。

たかが忘れ物、されど忘れ物。私は「え〜? そこまでするの?」と、少し笑いかけてしまったが、子どもたちにとっては大問題だという。児童会をまとめる会長は、あの六年生のハルカだった。

「忘れ物ゼロを目指しています。先生から言われて動くのではなく、自分たちから動けるようにしたいです。本当は、名前チェックすること自体、なんで必要なのか……みんな早く忘れ物ゼロを達成してくれればいいのに……」。頭を抱えながらも、ハルカは使命感に燃えていた。

「チェックを続けなければいけなかったり、会議が多かったりと大変ですが、会長として、また先輩として、みんなを引っ張り、まとめていく面白さがあります」

しかし、なかなか状況は変わらず、六月末に「子ども議会」が開かれることになった。忘れ物をなくすためには、どうしたらいいのか。授業の一時間を議会にあて、小学部全員で集まり話し合うことにした。各自、教室から運んできた椅子を集会室に並べて座る。ハルカが壇上に立って、質問を投げかけた。

「チェック表のおかげで、忘れ物が減ったという報告もありました。皆さんはどう思いますか?」

しかし、なぜか皆、黙る。ハルカが再び質問する。

「皆さんのなかで、忘れ物をした人は？……はっきり手を挙げて、はっきり挙げて」

最初は控えめだった小さな手が、あちこちで挙がる。複数の手が挙がったことを確認したハルカが、とても不思議そうに質問をした。

「なぜ、忘れ物をするんですか？」

校内が静かなのはいつもどおりだが、このときばかりは、「し〜ん」という文字が見えるかのようだった。と、背の高い三年生の女子が手を挙げた。壇上へあがり、ハルカの横に立つ。みんなの気持ちを代弁するという。

「ちゃんと準備しないから。明日の宿題とか、持ち物を確認しないで、適当に準備するから忘れちゃうの」

なるほど、と聞いていたハルカが再び質問する。

「きちんと準備すればいいじゃない。何で適当にしちゃうの？」

三年生が「ぐっ」と少し言葉に詰まる。戸惑いを見せつつも、素直に答えた。

「……家で準備していると面倒になって、適当にバッグに詰めちゃうから、家に置き忘れるんだと思う」

ハルカが三年生の回答にお礼を述べると、再び壇上からみんなに問いかけた。

「五月の議会でも同じ話をして、みんな頷いてたよね。でも結局、変わらないじゃない。なんで？　本当にこれでいいの？」

座っている子どもたちの顔つきが、きゅっとする。一人ひとり思うことがあったのか、徐々に「意見を述べたい」と、手が挙がり始めた。指名された児童が、再び壇上にあがって意見を述べる。

「忘れ物チェックを続けたほうがいいと思います。名前を出されると恥ずかしくて忘れ物が減る人もいると思うからです」

ふんふん、とハルカがうなずく。

「なるほど。つまり、みんなの意見としては、チェック表は続けたほうが良いということですね」

一時間にわたる話し合いは、今後も忘れ物をしないよう、気を引き締めていくことで合意し、終了した。

†社会で生きていくための「考える力」を育む

この「子ども議会」は、私の想像を大きく超える時間だった。子どもたちが自分たちで学校生活を築いている様子を目の当たりにしたからだ。先生たちは、挙手する児童を指名したり、進行の手助けはしたが、答えを教えることはせず、話し合いや方針の決定は、全て子どもたちの主導で進んだ。

学校の教育目標の一つにはこうあった。「自ら学び、自ら考える人を育てる」

ほかにも、同じような目標を立てている学校はあるかもしれない。だが、ここまで意識高く、実践している学校はいくつあるだろうかと思った。

子ども議会の様子を廊下から笑顔でのぞき込んでいた、校長の椙先生が教えてくれた。

「小さいときから意見を交わすということを大事にしています。単に手話で教えるということだけではなく、まず、必要なのは考える力だと思うんです。問題に対して自分で考え、意見を言って、それとは違う意見を聞いて、また話し合う……という経験をさせています。学校の中では失敗してもいいんです。その積み重ねから、〝考える力〟が身につけばいいなと思っています。間違えることを怖がって萎縮してしまっては、力は伸びません。いずれ社会に出れば、さまざまな壁にぶち当たります。そのときに、自分で考え、解決していける力がまず重要だと思います」

そして、椙先生は自分の子どものころを振り返って、こうもつぶやいていた。

「私の場合は、ともかく自分の力で本を読むことによって日本語の読み書きを学びました。いろいろな人の話を聞いて、意見を出し合うという経験は非常に少なかったんです。ですので、今の明晴の子どもたちのことはうらやましく思うこともあります」

†人は言葉と共にある

そしてもう一つ、子ども議会で驚かされたことは、「人は言葉と共にある」という、改めての発見だった。それは撮影してきた映像を編集室で見返しているときに、編集を担当する松本哲夫さんが気づかせてくれた。

松本さんは、NHKで、「巨匠」と呼ばれる大ベテランの編集マンだ。しかし、手話の映像を編集するのは初めてだった。私が作業を始める前に、「手話は、ろう者の言語なんです」と説明しても、「んんっ？　この手の動きが言語なの？　どういうこと？」と、眼鏡の奥から、まじまじと私の顔を見つめ、心底驚いていた。そして、私の稚拙な説明では、なかなか腑に落ちないようだった。

そんな松本さんが、この「子ども議会」の映像を見終わった瞬間、叫んだ。「わかった！　子どもたちの言葉が手話だということがわかったよ！　実に面白い！」と言い放ち、満足気に喫煙室へ向かっていった。

子ども議会には、音声がないだけで、一人ひとりの思い、言葉に熱があり、活気があり、静かで白熱した議論が起きていた。

子どもたちは、自由に思考できる手話という言葉を持ち、そしてその言葉で通じ合えるからこそ、対話し、考えを深めることができる。改めて、人は言葉とあり、言葉と共に生きていくのだと、明晴学園のロケから学んだ。

†授業「日本語科」

もう一つ、明晴学園ならではの授業といえば、「日本語科」だ。

前述のとおり、明晴学園の授業科目には「国語」がない。その代わり、「日本語」がある。国語の学習指導要領にある、「話すこと・聞くこと」といった音声による指導は、手話で話す、ろうの子どもたちには合わないためだ。その上で、日本の地域社会で生きていくために、「読み書き」を中心とした日本語を、「第二言語」として学ぶ、バイリンガル教育を実践している。

ハルカたち六年生の教室で「日本語」の授業が始まった。担当は、松山樹里先生だ。今日から新しい単元に入るという。子どもたちは「え～、何だろう？」と、そわそわする。先生が「前に少し話したよ」とヒントを与える。すると、いつもは教室の様子を俯瞰している、少しクールなユウトが、「あ、わかった！」と、ハルカに顔を向けた。

「前にハルカが〝嫌だ〟って言ってた、あれだよ、あれ……作・文！」

「ああ～！」とみんなが思い出す。ハルカは顔をしかめ、「NO～～～NO～～～」と、わざわざ英語を使いながら、首をふる。聞こえる子どもでも、作文が嫌いな子はいるだろう。でも、六年生が作文を嫌がった理由は別のところにあった。

松山先生から言い渡された作文のテーマは、「空の記憶」だった。子どもたちは白紙の原稿用紙を前に、「う～ん……」と何を書こうか考える。そして、すぐに書き始めるのではなく、どんなことが書けるだろうかと、一人ひとり、自分の席に座ったまま、手話で言葉にしていく。

「一つの空に、〝晴れ〟と〝雨〟が同時にあって、すごく驚きました」

どうやらハルカは「キツネの嫁入り」を初めて見たときの衝撃を書くようだ。

一方、ユウトがテーマに選んだのは、五年前に初めて見た「金環日食」だった。

「太陽と月が重なっていたのは、ほんの一瞬でした。この「日食」の空が印象深くて忘れられません」

まるで昨日見たかのように、手話でよどみなく、その日の感動を語る。だが、ユウトの手は、なかなか原稿用紙に向かわない。鉛筆を握ったまま、頭をかいている。ユウトが作文の授業をどう思っているのか気になり、授業後、声をかけた。

「作文どう？　書けそう？」

「作文を書くのは、簡単ではない。手話から日本語に翻訳するのは、やっぱり難しい……けど、完成できると思う」

あっ、と思った。ろうの子どもにとって、日本語を書くことは〝翻訳〟なのだ。いくら身近に目にする言語でも、手話で過ごす子どもたちにとって、日本語は外国語のようなもの。私が小学生のころ、英語で作文なぞ書けただろうか。とても難しい作業だ。

ユウトが悩みながら書いた第一稿の作文には、金環日食が見えた日の、朝の情景が描かれていた。

「いつもは月はうすいけど、金環日食の日は、月はいつもと違う月でした。月と太陽が合う時は、すばやくでした。」

†手話が育む日本語の力

次の日本語の授業で、松山先生は、あるものを用意してきた。パソコンとテレビをつなげ、動画を再生した。映ったのは、学校の先生たちだった。六年生の作文を、ほかの先生たちにも読んでもらい、子どもたちが伝えたいことを本当に書けているか、感想をもらったという。ユウトの作文は、教頭の森田先生が読み、もちろん手話で感想をくれた。いわばビデオレターだ。

「二つ聞きたいことがあります。「いつもはうすいけど、はっきり見えた」が、どのような様子の月なのかわかりませんでした。「月と太陽がすばやい」と書いてありましたが、何がどのように素早いのかわかりませんでした」

松山先生が、森田先生の感想を受けて、ユウトに質問する。

「「いつもはうすい」というのは、どういうつもりで書いたの？」

「普段、昼間に月は薄くて見えないけど、この日はハッキリ見えた」

「では、その説明を加えましょう。次の「素早い」というのは？」

「太陽と月が重なってから、通り過ぎるまでが早かった」

「重なるまではゆっくりだったのに、輪ができたら、あっという間に終わってしまったということね」

ユウトが書きたかったことを、松山先生が手話で確認していく。

一人一人へのビデオレターが終わると、子どもたちは、すぐに新しい原稿用紙に書き直し始めた。先生たちの言葉にヒントを得たのか、前よりも鉛筆の進みが早い気がする。ユウトに手応えがあったの？　と聞いてみた。

「作文は詳しく書かなきゃいけない。状況を具体的に書けば、先生が読んだときにわかる」

なんだか、授業が始まったときよりもシャンとした顔つきで答えてくれた。

先生たちに相談しながらユウトが書き上げた作文。こんなふうに仕上がっていた。

「いつもは、うすくぼんやりしているのに、この日の月は、満月のように　はっきりと見えていました。いよいよ、太陽と月が重なりました。月は、丸くて、真っ黒です。その向こうに、太陽の光の環が見えました。太陽と月が重なるまでは長かったのに、重なったと思ったら、あっという間に終わってしまいました。」

子どもたちは、手話を土台にしながら、日本語の力も育んでいく。

†大切なのは伝えること

私は「日本語」の授業を初めて見たとき、少し意外な気がした。自分が受けてきた英語の授業のように、単語のスペルチェックや文法の添削をするのかと思っていたら、松山先生は、子どもが何を書きたいのか、表現したいものを丁寧に掘り起こす作業に力を入れていたからだ。先生が日本語の授業で、大切にしていることは何だろうか。気になって、放課後、松山先生に時間をもらって話を聞かせてもらった。すると、「手話ではなく、音声で話して良いか」と尋ねられた。実は、松山先生は耳が聞こえる。

「子どもたちの頭のなかでは、いろんなことを考えて、感じて、書きたいことも、本当はいっぱいあるんですけど、第二言語の日本語で表そうとなると、どうしてもがくんと減っちゃうところがあって。書くのはとてもしんどい作業だと思います。日記でも「う〜ん、厳しいな」って、自分自身では思っていると思います。

聞こえる子どもって、何もしなくても、本当にいろんなところから自然に日本語が入ってきますよね。ぼんやり見ているテレビや、電車の中での会話、微妙な空気が漂う大人の会話とか、親戚同士の噂話とか。本当は「子どもが聞いちゃダメ」というような内容でも耳に入ってきて、「よくわかんないけど、あぁそういうことか」と。わからなくても、圧倒的なインプットの量があるんですよね。一方で、聞こえない子どもは、自然に入る情報量がすごく少ない。それって、子どもの責任じゃないんですよね。なのに、日本語力を求めるっていうのは、あまりにも酷だと思っていて」

松山先生の話を聞きながら、私自身も語彙不足に初めて向き合ったときのことを思い出した。私には年子の、聞こえる姉がいる。小さいときから、いつも同じテレビを見て、同じ学校に通い、姉妹でよく遊び、喧嘩もした。

小学校高学年になったとき、ふとした会話のなかで姉の話した言葉が、初めて聞く単語だった。「そんなに難しい言葉、どこで覚えたの?」と聞くと、「普通に生活してたら、わかるでしょ」と言われた。当時は、読書の差なのかなあ、と思っていた。だが、その後も、差はどんどん広がっていった。

今、仕事をしながらも、時々、日本語に自信がなくなり、ネットで意味を調べ、安心できてから言葉を選んでいるときがある。

話がそれたが、松山先生は、そうした聞こえない子どもの状況をわかっていながら、「でも、」と言葉を続けた。

「そのときに、「まぁこれでいいや」って思ってほしくないと思っているんです。ろうの先生たちに、小さいころの話を聞くと、大体が、自分の書いた文章が真っ赤に添削されてきて、すごく嫌だった……とか。そんなふうに直されるくらいだったら、まぁ書ける範囲でおさめとこうっていう。当時、書いていた文章は、すごく中身のないものだった、ということを、けっこう聞いたので。

今の六年生に初めて作文を書かせたときに、本当にそれぞれ、いい味が出てるというか。あぁ、こんな空があるんだ……と思って。それを、生かしてあげたいって思ったんですよね。正しい作文を書きましょうって、細かい助詞の間違いや、文末の動詞の活用だったりを直しても、良い文章ではないんですよね。子どもたちには、もう、書けるものは全部書いてほしい。日本語だからそりゃ苦しいけど、間違っていても良いから、自分が持っている語彙や表現方法を駆使して、なんとか伝えて欲しい。そういう姿勢を今のうちから身につけてほしいなって思っています」

松山先生の言う、「伝える姿勢」という言葉は、将来のことも見据えているのだろうか。

「手話通訳を使って、自分の言葉を発信していくことは、もちろんできますが、通訳を介さずに聞こえる人と直接コミュニケーションをとるとなると、日本語なんですよね。そのときに、本当は思っていることがあるのに、「まぁまぁこの辺でいいかなぁ」って妥協しちゃうと、ものすごくもったいないことですし。特に大人になって、仕事などでも、そのちょっとのことを伝えたか、伝えていなかったかで、後々の問題につながったり、印象が変わってしまったり。とにかく、子どもたちが思ったこと、感じたことは、なるべく、出していけるようにしたいと思っています」

第五章

ろうであることを誇りに思う子どもたちと、社会

文化祭でろう者の歴史を発表する中学部の3年生

†卒業を控えた中学三年生

明晴学園の取材を始めた当初は、成長盛りの小学部に焦点をあてていた。だが、学校を訪ねるたび、いつも意識していなくても目に入ってくる学年があった。女子だけの、中学三年生の六人だ。可愛いだけでなく、一人ひとり、どこか芯のある面持ちなのだ。そのうちの一人、生徒会長をつとめるアンナの、凜としたスピーチには初っ端から引き込まれた。四月の入学式、新入生を迎える挨拶をしたときの彼女の言葉だ。

「伝えたいことがあります。「楽しむ」という言葉。中三になった今、やっと気づいたのです。「楽しむ」ということは与えられるものではなく、自分で見つけ出すものだと」

この先に続いていく、彼女たちの「これからの道」に向けた言葉にも聞こえた。

三年生は、大人へ向かう階段を上りながらも、時折、子どもらしい素顔も見せてくれた。七月上旬、少し日に焼けた三年生が、お弁当を食べながら、何やら盛り上がっていた。「今、何の話をしてたの？」と聞くと、みんな「うっ」と口をつぐむかのように、手の動きを止め、お互いに顔を見合わせる。一瞬の沈黙があったかと思うと、アンナが、「言っちゃう？」と手を動かした。

「三年生は、明日から修学旅行に行くんです」

アンナが説明を始めると、周りにいる子どもたちは、くすくすと笑いをこらえている。

「先生に〝ドッキリ〟を仕掛ける計画を、内緒で話していました」

アンナの向かいに座った、ショートヘアのアヤカが、すぐ私たちに「先生には秘密ですよ」と、人差し指を口にあてた。中学生の考える〝ドッキリ〟とは、どんなものだろうか。

「〝パイ投げ〟をやるんです。その方法やタイミングをどうするか相談していました」

アンナの暴露に、みんながぷーっと噴き出し、笑い合う。

修学旅行は、三年生の六人にとって、みんなで一緒に行く最後の旅行。六人は、幼稚部から一〇年を共に過ごしてきた。明晴学園に高等部はないため、卒業後は別々の道を歩む。

†自らの言葉で語る未来

一一月。明晴学園の文化祭で、中学部は一年生から三年生まで全員で、ろう者が切り開いてきた歴史を劇で発表した。主人公は、実在した耳の聞こえないメジャーリーガー。

「みんな誰でもアウトとセーフのジェスチャーは知っているね？」

「〝アウト〟〝セーフ〟、これを考え出したのは、ろう者だったのです」

音声の審判だけで進む試合のなか、ボールなのかストライクなのかわからず、思うように力を発揮できない主人公。審判にジェスチャーを取り入れて欲しいと希望し、取り入れられてからは、頭角を現し、チームの勝利に貢献する。

舞台のクライマックスで、三年生が観客に訴える。

「昔のろう者は、仕事でさまざまな壁があった。けれど先輩たちの努力で、壁がなくなっていった」

「手話はなくならない。ろうの世界はずっと続く」

撮影のために、舞台の台本は事前にもらっていたが、大まかなストーリーのみが書いてあるだけだった。発表されたセリフは生徒たち自身が練習の過程で肉付けしていき、完成させたものだった。

舞台を見て、「生徒は、自分が社会のなかでマイノリティであることも自覚しているんだな」と思った。でも、そのことについて不安があるようには見えず、堂々としている姿が印象に残った。

†「ろうの自分が好き」中三の答辞

受験シーズン中は生徒たちにとってセンシティブな時期だったため、気になっていた中学三年生の取材を再開できたのは三月に入ってからだった。

まだ全員の進路は決まっていなかったが、生徒たちは卒業式に向けた答辞の作成に取り掛かっていた。文化祭のときに、自分たちで発表内容を考えたことが影響しているのか、生徒たちが伝えたいことは、すぐに言葉になっていった。教頭の森田先生が内容を確認し、微修正したら、ほぼ完成だった。

答辞の冒頭は、生徒たちが教室の窓からよく目にした光景から始まる。

空を見上げれば飛んでいる飛行機
そよぐ風の中で　揺れる校庭の木々
私たちの明晴学園

多文化共生　日本人　ろう者

さまざまな文化を持つ人々
違いを受け入れ　共に生きていく

バイリンガル教育で
学ぶ喜びを知り
知識を深め視野を広げていく

ろう者のアイデンティティー
私はろう者の自分が好き

手話で生きてきて本当に幸せ
この幸せはいつまでも

しっとりと柔らかく、美しく動く指先と相まって、一つひとつの言葉に込めた思いが、静かにじんわり伝わってくる。内容も、生徒たちの手話も、とても素敵な答辞だった。

一方で、私は番組ディレクターとして少し悩み始めた。番組を見る視聴者の多くは、おそらく、聞こえる人だろう。そして、私も聞こえる人たちにこそ、番組を見て欲しいと思っている。そのときに、生徒たちの「ろう者の自分が好き」という言葉が伝わるか、不安になったのだ。なんとなく、「聞こえるほうが良いに決まっている」という先入観に、その言葉がかき消されてしまう気がした。

生徒たちが心を込めて語っている「ろう者の自分が好き」という言葉が、確実に伝わるには、別の言葉で説明してもらう必要があるかもしれない。それが何なのか閃かず、モヤモヤ悩み続けた。

私は取材に迷ったとき、「自分は何を感じたか？　どうしてそう感じたか？」と自分の感情をチェックすることがある。私は、この答辞になぜだか共感していた。ろう者ではないし、子どもたちの手話もわかるわけではない。なのに「うんうん」と惹かれてしまうのは何故かな……と考えたとき、自分も「私は難聴者だ」というアイデンティティーを持っていることに気がついた。

聴力が回復せず、生き方に悩んだとき、「人工内耳」という選択肢があることも教わった。内耳に電極を埋め込み、うまく合えば補聴器よりもかなり聞こえるようになる可能性がある。だが、選択しなかった。「あの会話や、音楽が聞こえるようになりたい」という気分ではなく、「どうして聞こえにくいままでは、生きづらいんだろう」という気持ちが勝っていたからだと思う。

初めて社会の壁に直面したときも、「私は聞こえる人ではない。難聴者として、生きていく方法が知りたい」と思った。この先、どうしても聞きたいものが出てきたら、人工内耳の手術を受ける可能性だってある。だが今は、「難聴者として生きてきた私のままでいい」、と思っている。

それを思い出したとき、おそらく生徒たちも、人工内耳を選択しない気がした。このことを素直に聞いてみようと思った。

閃いたのはインタビュー前夜のベッドの中で、布団を蹴飛ばして跳ね起き、ノートに質問を殴り書きした。「人工内耳」は固すぎるから、「魔法の薬」という言葉に変えてみた。子どもたちが今置かれた環境に悩み、ろうであることに苦しんでいるなら、この質問は絶対にしてはいけない。何度か自分の頭の中で、「聞こえるようになってみたい?」という質問をシミュレーションしてみた。でも、出てくる想定の答えは「いいえ」だった。明晴学園で、ありのままの自分を肯定してもらいながら育った子どもたちなら、大丈夫だろう、と思った。

「聞こえるようになる、魔法の薬があったら飲みますか？」

終礼の終わった三年生全員に教室で集まってもらい、前日に考えた質問を投げかけた。

「変な質問しますけど……聞こえるようになる、魔法の薬があったら飲みますか？」

すると間を置かずに、ショートカットでいつも元気いっぱいのアヤカが、前のめりで質問してきた。

「それは飲んだら、また〝ろう〟に戻りますか？　それとも永遠に聴者なのですか？　どっちですか？」

本当に目の前に魔法の薬があるかのような、真剣な表情だ。

「そんな細かい設定まで考えてなかった、ごめん」。思わず謝った。

生徒たちは、初めての変な問いかけに戸惑いながらも、一生懸命考えながら、答えてくれた。

いつもオシャレなホマレは、

「一日だけなら飲んでみたいけど、ずっと聴者のままなら飲まない。〝ろう〟のままでいたい」

最初に逆質問してきたアヤカも考えがまとまった。

「私も飲まないと思う。今の自分が幸せだから、このままがいいなって思う」

柔らかい雰囲気のユズキがきっぱり答えた。

「私も飲みません。なんていうか、これから聴者の社会には、ろう者として入っていきたい。もし壁にぶつかっても努力できる。私はそれがいい」

隣にいたサラも、

「試しに飲んでみて一時間くらいで、ろうに戻りたい」

うんうんと、ユズキがうなずいて同調する。

「一時間くらいがいいよね」

「うん、数時間だったらいい」

互いに顔を見合わせて、ほっとするように笑い合う。

生徒会長のアンナだけは、私の想定を超えた答えを返してきた。

「私は飲みます。今まで、ろう者としてアイデンティティーや文化を身につけてきたので、さらに薬を飲んで、聴者の世界のことを知れば、ろうのことも聴のこともわかる人間として、新しいものを生み出せると思う。新しい社会や学校とか……これまでにない何かを生み出せると思う」

いつもは、インタビューしたい内容を、事前にカメラマンの中尾さんや手話通訳に共有するのだが、「魔法の薬」の質問だけは伝えなかった。前日の夜は、薄明りの部屋の中で、「子どもたちに聞いても大丈夫だろう」と思ったが、子どもたちの心の中は、子どもたちにしかわからない。タイミングや想定を誤れば、関係性が崩れることもある。インタビューの最後の最後まで「質問するか、しないか」を考えていた。質問せずに終えることも考えていたが、インタビュー中に「やっぱり聞こう」と腹をくくった。

また、中尾さんにあえて言わなかったのは、多分、〝二つの視点〟を入れたかったからだと思う。映像は嘘をつかない。カメラマンの驚きや思いが如実に出る。生意気を言うが、リアルタイムで中尾さんが感じたことを反映してほしかったのだと思う。正しい方法ではなかったかもしれないが、それでロケを終えた。インタビューが終わった後、中尾さんを見ると、「フン」という顔のまま、無言でうなずいていた。ロケの様子を見守っていた担任の先生は、ニコニコしていた。インタビュー中、私に筆談をしてくれていた文字通訳の茂木脩佑《もぎしゆうすけ》さんが、珍しく「魔法の薬の質問、面白かったです」と言ってきた。
少し、視界が晴れた気分だった。

†受験で目の当たりにした社会

魔法の薬があれば「飲む」と答えたアンナ。もっとくわしく話が聞きたくて、自宅を訪ねた。アンナは三姉妹の真ん中。訪ねた日は、ご両親と妹、そして愛犬一匹が出迎えてくれた。五人家族で、ろう者はアンナだけ。家族の会話はどうしているのか尋ねると、みんな手話だという。でも、「パパは下手ですけど(笑)」と、母親のユウコさんが教えてくれた。

「聴者の世界じゃないですか、家族が。みんなうちは聴者なので。ある意味、小さな聴者の世界で、トラブルが毎回ありますから」

アンナは明晴学園を卒業した後、ろう学校でなく、一般の高校へ進むという。「聴者の世界」を選んだのはなぜだろう。

「これからは聴の世界も見てみたい。知らなかった世界を知りたい。そして聴者と同等の力をつけていきたい。それに生きていく上で日本語は必要です。手話はもちろん大事。でも日本語の力も、もっと伸ばしたい」

しかし学校選びには苦労したという。〝ろう〟であることを理由に複数の高校から受験を渋られた。

「入りたい高校があって見学に行ったとき、校長と教頭に自分は〝ろう〟だと説明したら、内申書では4や5が取れていたのに、「一般校だったら2か3のレベルでしょ」「ろう学校は出席するだけで5が取れる」と言われました。でも、それは違う。一般校と同じように授業をしていることを知るべきです。別の学校では、「ろう学校には行かないの？　いくつかあるじゃない」と言われ、遠回しに他の学校をすすめる態度を見て、受験するのはやめました」

いつも出会うと必ず笑顔だったアンナが、このとき初めて複雑な表情を見せた。ショックだった。まだ、一五歳ほどの女の子が、こんなことを言われるなんて。インタビューをしながら私は、はらわたが煮えくりかえる思いだった。

国は障害のある生徒が平等に学べるよう、学校に配慮を呼びかけている。しかし、ろう者が学ぶために必要な通訳の費用や人員は、各地域や学校の努力に任されているのが現状だ。

気の遠くなるような社会の現実を目の前にして、アンナに不安はないのだろうか。

「もちろんあります。今までと違う環境に出て、いつも一緒だった同級生と離れるのは心配もあります。でも、私には明晴学園がある。つらくなったり、友達とうまくいかなかったり、失敗しても、帰る場所があります。仲間がいるから大丈夫です。

進路に迷ったとき、先生に「自分の決めた道に間違いはない」「やり直しはできないけど別の道のほうが正解だったということはない」「自分の決めた道を歩んだことがいつか必ず糧になる。あきらめずに進めば大丈夫」と言われました。その言葉がすごく心に刺さって決断することができました」

中学三年生のなかでただ一人、「聴者になる魔法の薬を飲む」と答えたアンナだったが、根本にある思いは他の同級生と同じだった。アンナは〝ろう〟のまま、外の世界へ飛びだそうとしていた。たとえ、魔法の薬を飲んで〝聴〟になったとしても、アンナ自身は変わることなく生きていくのだろう。

†ノーナレーションで伝わるのか

初めて明晴学園で手話科の授業を見たとき（第二章）、私の中には〝聞こえる視聴者を手話の世界に誘いたい。ノーナレーションで描きたい〟という思いが生まれた。当時の企画書には、こんなふうに書いている。

「今の社会は、聞こえることが前提で、聞こえないことは「不便」とされてしまう。しかし、教室を見据えると、手話で生きることの何が不便なのか、不思議に思えてくる。子どもたちは日本語を話さないが、自分の言葉、考えをしっかりと育んでいる。聞こえる人たちが「障害」と思っているものが、違って見えてくる。番組では最大限、子どもたちのON（手話）で構成し、「手の言葉の世界へ」と誘うと共に、社会の「当たり前」をほんの少しくつがえしてみたい」

「最大限、子どもたちのON（手話）で構成し」と書いたのは、ナレーション（音声）をなしにして、視聴者にも手話の世界に浸ってもらえる番組を作ることができるかもしれないと、ワクワクしたからだった

けれど、ロケを進める中で、ろうの子どもたちが社会の抱えるさまざまな課題と対峙し

ていることがわかってくると、果たしてナレーションなしでいけるのだろうか？　きちんとした説明ナレーションが必要なのではないか？　と心配になってきた。

　私自身は、いつも自宅でテレビを見るときは「消音」だ。補聴器を長時間つけていると疲れるので、一人で過ごすときは無音の世界に浸る。番組は、リモコンのスイッチを切り替えて、字幕放送で視聴する。そのため、音声なし（＝ノーナレーション）状態で番組を見ることは日常茶飯事だ。だが、今回は聞こえる人に見てもらいたい。以前、別の番組を制作したとき、通常よりも長い、ろう者のインタビューを、手話とテロップだけで紹介した。その際に、「面白かったけど、手話のわからない人は、字幕を読むので精一杯だった。疲れた」という感想をもらった。そのことを同僚に相談すると「聞こえる人は、文字だけを読むより、音声が一緒にあると、心に響きやすい」と教えてくれた。「なるほど」と納得すると同時に、今回はどうするか、迷い始めた。子どもたちの言葉や、置かれた状況を、聞こえる人に向けてしっかり伝えたいとき、本当にノーナレーションがふさわしいのか？　自信がなくなった。

　このことは、番組の編集が始まっても悩んでいた。ちょうど編集期間と、この後の第六章に出てくる卒業生の取材が重なり、取材でもがけばもがくほど、「聞こえる人は、どう感じるんだろう……」「自分にはその感覚がわからない」と、どツボにはまっていた。試写前の段階から、「ノーナレーションでいくか、どうするか」ということは何度も制作チームの中で話し合っていたが、結論が出なかった。振り返ると、当時はけっこう暴挙に出ていて、「聞こえる人がノーナレーションでも番組を見られるなら、それで良いと思う」と投げやりに言っていた気がする。

さらに「魔法の薬」の質問も、最初の編集では活かさなかった。ロケと編集が並行していて、編集の松本さんに作業を丸投げ状態だったこともあるが、編集のたたき台を作るときにも、私は自分の視点で聞いた「魔法の薬」がどう受け止められるのかよくわからなくなり、「入れよう」と提案はしなかった。

だが一回目の試写が終わると、事態は思いがけない方向へトントンと進んでいった。映像を見たプロデューサーの村井さんが、清々しい顔で「ノーナレーションでいこうよ！いける！」と言ってきた。「大丈夫、子どもたちの言葉には力がある」と、あっけらかんと私の迷いを吹き飛ばしてくれた。そして、編集マンの松本さんが、「長嶋が聞いた、面白い質問があるんだよ」と、「魔法の薬」のシーンをみんなに見せた。すると「いいね、これも次の編集では活かそうよ」という話になった。

「ああ、これでいいのか」と、受け入れてもらった気分になった。振り返りながら気がついたが、私は口ケ中も編集期間中も、極力、〝ろう者の視点〟から、この番組を描きたいと思っていた。私は難聴者だし、手話も完全にはわからないが、ろう者なら、なんてコメントするんだろうか、この映像をどう見せるんだろうか。マイノリティ側からの番組制作をしようとしていた。それをマジョリティ側はどう受け止めるんだろう……とひとり不安になっていたのだが、制作過程の中で、手話をまったく知らない松本さんや、映像でしか子どもたちを見ていない村井さんが「いいじゃん！」と、更なる魅力を引き出してくれた。そしてその映像は、中尾さんが撮ってくれていた。私の心は、勝手にろう者になりきっていて、制作チームの人たちが手話の世界を面白がってくれることに安堵感とうれしさがあった。

いろんな視点がごちゃ混ぜにある、って良いことだなと思った。どっちかに偏ることなく、双方の視点で見せていくのが、この制作チームのスタイルで、それでいいんだ、と思った。

【制作チームインタビュー❷】

編集マン　松本哲夫「取材者と生徒たちの信頼が嬉しい」

〈プロフィール〉一九四九年生まれ、編集マン。ドキュメンタリーを中心に、テレビ番組の編集を五〇年にわたって手がけつづけている。現在、有限会社映像プロ代表取締役。

長嶋　松本さんは、「巨匠」と呼ばれている伝説の編集マンなんですよ。

――巨匠ですか!?

松本　ふふ。

――松本さんは、どういうお仕事を経て編集の仕事につかれたのでしょうか。

松本　まず、僕はNHKの職員じゃなくて、ある会社の編集マンという立場です。今年七一歳になって、二一か二二くらいからだから、五〇年ずっと編集をやっています。

そもそも松本とは何者かというと、ドラマの編集だったの。あ、この話をしてると時間が足りないな。

――お願いします。

松本　もう定年してしまったけど、佐々木昭一郎という、ドラマの世界で知らない人はいない、NHKを代表するドラマのディレクターがいたんです。その人と何十本とドラマを作っていたんだけど、あるときドキュメンタリーも面白いってことに気づいて。三〇代半ばからはずっとドキュメンタリーの人と付き合ってきて、その延長線上で今に至る、と。

昔はNHKの局内にも番組の編集マンがいたんだけど、それは何十年も前の話で、今はそれぞれの会社が編集の仕事を受け持っているんだよね。僕は長嶋のことは知らなかったんだけど、長嶋の部署のデスクと一回仕事をしたことがあって、その人が僕に依頼をした、というところからこの番組の編集を担当することになった。

――基本的な質問なのですが、編集というのは「映像をつなぐ仕事」ということでいいのでしょうか。

松本　編集とはなにかっていうと……難しいけど、いろはのいは、ラッシュ、つまり撮った素材を見るということ。今回はどのくらいあったかな、一週間近く見たかも。一日に例えば八時間見るとして、四〇時間あれば五日かかるでしょ。そうやって見る作業をして、その段階で、「そうか、長嶋はこういうことをやりたくてこういうロケをしたんだな」ということがわかる。そしてはじめて、この物語を、四〇時間あるものを一時間にしないといけないから、何が大事か話し合う。そこにも参加します。

長嶋の頭のなかには、自分でロケしたものが全部入っている。カメラは回っていないけど話だけは聞いたとか、そういうものがたくさん入っているけど、編集マンには今ある絵と声しか見えない。だから、そこの交通整理をしてあげる。

――交通整理ですか。

松本　長嶋のなかでは、撮ったものと撮ってないものが混乱するんだよね。「この人はこんなに面白くて！」って言っても、映っていなければわからない。たとえば先生の人柄について、長嶋はもうわかっているけど、ある程度説明しないとわからないよ、とか。

今回はそもそもが、ろうの人の世界。ろう者の世界がどんなものなのかというのは僕は知らないから、聞くことによって、「ああ、それはみんな知らないから、わかってもらったほうがいいよね」と、コミュニケーションをとりながら物語を作っていく。そういう立場かな。

ある程度つながったものからチョイスするのがプロデューサー。我々は、素材そのものから付き合う。人によってはしないかもしれないけど、普通の編集マンはそういうことをやる。

†手話が言葉だと腑に落ちた瞬間

――最初にこの番組のラッシュをご覧になったとき、長嶋さんはどういうことをやろうとしていると捉えましたか？

松本　うーん、もう三年も前の話だからなあ（笑）。このあいだちょっと見直して思い出したんだけど、僕にとって一番面白かったのは、番組の冒頭、廊下で子どもたちがおしゃべりしてるところ。その長嶋の感想が面白かった。「この子たちうるさいのよ、わあわあきゃあきゃあ（笑）」って言うんだけど、うるさいってなんだ!?　って。僕にとってはうるさくないんだよ、声が聞こえないから。

長嶋にとっては、手話は言葉だから、めいっぱい言葉が飛び交ってるって思うんだけど、僕には「元気な子たちがカメラマンの前にいるね」くらいで、それがいちばんびっくりした。でもだんだん見てるうちに、たしかにうるさいなって思いはじめて。つまり、いきいきしゃべってるっていう感じが、徐々にわかってくるんだよね。

だから、「静かで、にぎやかな世界」っていう番組のタイトルどおりなんだよね。「静か」っていうのは僕たちの思うような静かさ。にぎやかっていうのは長嶋の言葉。やかましい、かもしれないけど（笑）。

ろうで声を出さない子たちが、いきいきとおしゃべりをする、言葉を発するんだということに一番びっくりして、その言葉というのはこの番組では手話なんだということが、僕の最初の印象だった。

長嶋　子どもたちが忘れ物について子ども会議をやっている場面で、それを見た松本さんが「わかった！」って言って、そのままうれしそうにタバコ吸いに行っちゃって（笑）。子どもたちの手話が言葉だってよくわかったって。

松本　長嶋はそう思ったんだろうけど、僕は実はその段階では、言葉というよりもう少し中身に入っていて。子どもが主体になって自分たちでルールを作って、自分たちの意見や感想を堂々と、というか素直に表現する。そうやって自分の意見を言えるんだって驚いたんだよね。

手話が言葉なんだというびっくりは、もう少し前……二番目に見た……最初の授業かな、「春のうた」というポエムを読む。これで子どもたちを大好きになった。

僕はいつまでたっても手話を覚えないけど、なんとなくわかったんだよね。蛙が目覚めてまぶしいな、とか、風が吹いてるな、とか。手話はいくら見たってわからないけど、手も動かして、表情も使って。それで、「ああ、そういうことを言ってるんだ」って。まあ、後で言われてわかったのかもしれないけど。

つまりね、忘れ物の会議もポエムもそうで、子どもたちのこの学校がうらやましいくらい……プロデューサーの村井も言ったかもしれないけど、自分の子どももこの学校に行かせたいって思った。なにしろいきいきしてる。ある種のハンデがあるとしても、そんなこと感じない。それよりもこんなに豊かなんだって。

†意図することも、気をつかうこともない

松本　おもしろいのは、長嶋の失礼な質問だよね。

長嶋　なになに⁉ 私何か言いました？

松本　違う違う、僕に対してじゃなくてだよ（笑）。子どもたちに対してのね。

――「耳が聞こえるようになる薬を飲みますか？」という質問ですね。最初は驚きました。

松本　びっくりするでしょ？　そういうこと、普通は聞けないじゃない。でも、それを飛び越えたのは子どもたちだよね。正直に、最初の何人かは「飲むけど一時間くらいでい

い」とか「今の世界が自分は好きだ」って、あれはびっくりした。最後にアンナさんが「私は飲む」「聴の世界も知りたい」って、これまたびっくり。

そこで何に感動したかって言うと、難しいんだけど、自分たちはこうやって生きてきた。そのことに誇りを持っている、大事に思ってるっていうところかな。僕は彼女たちには勝てない……勝てるって言い方はおかしいけど、でも七〇年生きてても、そんなにしっかりした生き方はできないなって思うよね。

そうなると、ハンデみたいなもので番組を作るなんて気はなくなる。だってなにしろ、彼らに頼って番組を作ればいい。こっちが意図する必要も気をつかう必要もない。そういうことだよね。

一方で、大学生のヒロくんは、若干我々の世界に近い。社会にろう者と聴者がともに生きられる制度もできてないし、不自由だって悩んでいる。僕たちが当たり前に思うことに近いところにいるから、それも「そういうところもあるんだな」って納得できる。

——ラッシュを見て一時間のストーリーにするわけですが、どのあたりでその筋書きが見えてくるのでしょうか。

松本　それは単純で、誰をいちばん見ていきたいと思うか。番組は明晴学園全体のものだから、誰が主人公ってこともないんだけど、僕が見ていて面白かったのは、委員長のハルカさんかな。長嶋も取材したいと言って、自宅に行っていたというのもあるけど。

今回は長嶋が頑張って、見たいものを見せてくれた。「家ってどうなってるの？」「生徒たちの親はろう者なの？」とかも含めて、知りたいと思うことをちゃんと撮ってあるから、それをじゃあどういう順番がいいんだろう、視聴者に伝わるんだろうって、それをちょっと考えるだけで。

明晴学園のように手話だけの学校というのは一般的なのかとか、過去はどうだったのかという難しい、でもどこかでは知っておきたい話を番組の何分ぐらいに入れたほうがいいのか、とかもね。でも、本当はどういう順番でもかまわないと思う。単純に言えば起承転結みたいな言葉になるのかもしれないけど、こういう物語はどんな「起」でもいい。べつに絶対はない。どうしても番組のなかではどこかで着地点を作りたいから、それなりの終わる感じは探すとしてもね。途中途中は、明晴学園のありのままを見せていけばいいっていうのが編集方針だし、長嶋もそう思っていたと思う。

†文字だと冗談が伝わらない！

松本　長嶋と付き合うのは、僕にとっては最初大変だったの。普通なら、聞き流してもいいようなさりげないことをぱぱっと言うこともあるけど、長嶋に対しては（聞こえないから）ちゃんと言ったほうがいいっていうのがあるし。はじめは面倒だなと思って。なんだよ、手話覚えなきゃいけないとか！　って（笑）。
長嶋　私は強制した覚えはありませんよ（笑）。
――手話を覚えられたんですか？
松本　最初は名前。「松」はほっぺたに葉っぱが刺さってる感じかな？　で、「本」はささって本を開く動きだよね。その次に覚えたのが……僕は夜遅くまで仕事をしたくないほうで。NHKでは「お疲れ様」って「今日はもう仕事をやめるよ、帰るよ」ってことなんだけど、長嶋に「お疲れ様です」ってなんて言うのかわからない。それで、その手話を覚えたのよ。
――それだけは最初に覚えたと（笑）。
松本　そう、大事だから。長嶋には面と向かって「お疲れ様です」ってやらないと、「え、どこ行っちゃったの」ってなるから。
あとは、文字通訳の茂木っていうのがいるんだけど、そいつとくだらない話をしてるときに、僕もまあ「めんどくせえなあ」とかつぶやくんだよ。で、茂木に「(文字に)打たなくていい!」って言っても、「松本/ながしまめんどくさい〜。」とか文字にする。書くなって言ってるのに!

長嶋　音声だと聞き流していいことがわかるんですけど、書くとすべて同一に見えて、すごく重要に思える。だから「めんどくせー」とか言われると、「なにそれ!? どういうことですか!」って。

松本　文字だと「(冗談)」とか書いてもらわないとわからないじゃない?

——確かにそうですね。

松本　「静かで、にぎやかな世界」では、明晴学園の先生が手話の字幕テロップを確認しに編集室に来てくれたんだよね。すると、僕だけがおいてけぼりなのよ。手話でわーっとしゃべってて、僕だけわからない。本当は六年生の担任の小野先生なんて、顔はもう何十時間も見て知り合いみたいなものだと思っていて、初めて会うからあいさつしたいんだけど、でも手話で言うのも難しいじゃない? そうすると頭下げるしかなくなっちゃう(笑)。

先生が通訳と一緒に「この子はこう言ってます」って長嶋に話しているのに、全然入っていけない。
――アウェイな感じで。
長嶋　手話がマジョリティになって、立場が逆転していましたね。
松本　おもしろいよ、そういう世界は。

†手話から一人ひとりの性格が見えてきた

――手話で何を言っているかは、どうやって把握しながら編集をしていたんですか？
松本　どうしたっけ？
長嶋　音声を二つのチャンネルに分けて撮影したんです。一つは現場の音声で、もう一つ、手話通訳の音声を放送に出さないチャンネルに入れて撮りました。編集室では、この二つの音声を同時に聞きながら編集していました。実際は、手話と通訳音声でタイムラグが生じます。でも、「松本さん、手話がわかるようになったのかな？」って思うくらい編集点ぴったりにつなげていて。
松本　いやいや、それは最後までわからなかったよ（笑）。普通なら手が下がったら終わりかな？　と思うけど、手話は下りたらもう次の動作が始まっていたりして。言葉の切れ目は全部、専門の手話通訳さんに厳しくチェックされたね。

——編集していて、手話という言語に、日本語と違う特徴があると感じましたか？

松本　言葉は僕にはわからないからねえ。でも、どこかで一人ひとりの性格が手話から見えてきたんだよね。一人ひとり顔が違うように、手話にも個性があって、それが見えてきた。その意味では日本語も手話も変わらないかな。

中学部の生徒がご飯を食べていて、何しゃべってるのって聞くと「パイ投げの計画です」って言うところがあるじゃない。深い意味があるわけではないから、ここを使うかどうかというのは絶対的じゃないんだけど、みんなそれぞれが可愛くて、純粋なんだよね。大勢の人が出る番組って誰が誰かわからなくなって見るほうがついていけないこともあるけど、けっこうな人が出てるはずなのに、この子はこんな感じって、自分のなかにそれぞれの人物像が鮮明に見えてきた。

それが見えてくると、感動したり驚いたり、びっくりさせられることの連続だった。

†取材者と現場の信頼関係が見える喜び

——この番組がノーナレーションになったのは、松本さんが編集室でテロップを入れて流したのがきっかけだと伺いました。最初はナレーションを入れる方針だったんですか？
長嶋　最初は決まっていなかったんですが、私が松本さんに編集を投げっぱなしでロケに行っていたから……。
松本　普通はナレーションがあるのが一般的なんだけど、その場合はディレクターがナレーションを書く。でも長嶋はロケに行っているからいないじゃない。すると、「ここにナレーションを入れてもらったほうがわかる」と思いながら編集する。振り向いても長嶋がいない。だから、「ここにはこういうことを言ってもらったほうがいい」ってメモ書きをしてたの。長嶋が戻ってきてちょっとだけ見てみようっていうときに、長嶋もいきなり見てもわからないだろうから、そのメモを入れて流したんだったかな。
ナレーションはなしがいいというのはみんなの合意だったけど、村井が強く「ナレーションなしでいかない？」って言っていたと思う。結果的に、今回の番組は絶対にナレーションがないほうがよかったね。音楽もあまり入れなかったし。手話でこれだけ語っているから、そこにナレーションが入ったらうるさかった。
——手話が言葉だということが強く伝わってきました。
松本　ラストカットを、カメラマンに向かって「明日も来てね」っていうシーンにしたいっていうのも、みんな共通していたよな。「こちらも君らのことを絶対に忘れないからね」っていう信頼も見えたから、僕も絶対に使いたかった。

取材者と生徒たちの間に信頼関係があるっていうのは僕にとってはすごく嬉しいことで。我々はロケに行かない。でも現場の子どもたちは、「また来てね」「来てくれて嬉しいよ」って近づいてくれて、指切りゲンマンする。それは本当に嬉しかった。

そういう意味で、作り手全員――皆の気持ちは一緒なんだよね。誰がものを作るときに主導権を持っている、なんてことは関係ない。

（構成／編集部）

第六章

悩みながら取材をした卒業生

番組の冒頭で視聴者に語りかける、明晴学園の一期生・ヒロ

†誰に向かってつくるのか

　この番組で、強いメッセージを残してくれたのは、明晴学園一期生の卒業生・ヒロだ。番組の冒頭は、彼に問いを投げかけてもらうことからスタートしている。

「僕は玉田《たまだ》宙《ひろ》。二〇歳の大学生です。生まれたときから、ろう者です。みなさんは二つの世界があることを知っていますか？　一つは聴者の世界。もう一つは、ろう者の世界。みなさんは聞こえないことがかわいそうだとか助けてあげなきゃいけないと思いますか？　僕はかわいそうだとは思っていません」

　彼の存在、メッセージは多くの視聴者に大きなインパクトを残した。だがしかし、私は悩みながらヒロを取材していた。

　明晴学園を舞台にした番組は、二〇一七年にもEテレ「ハートネットTV」で放送している。さらに追加取材をして仕上げたのが、この「ETV特集「静かで、にぎやかな世界〜手話で生きる子どもたち〜」」である。メインとなる舞台は同じだが、私のなかでこの二つの番組はまったく異なる。実は、メッセージの伝え方を変えた。

NHKにはさまざまな番組の班があるなかで、私は「福祉班」に所属し、Eテレ「ろうを生きる 難聴を生きる」「ハートネットTV」などを制作してきた。これら「福祉番組」を見たことがある方は、総合テレビで放送する番組よりも、障害や困難のある当事者、いわばマイノリティに向けて作られたものだという印象が強いと思う。けれど、私は明晴学園の番組は、マジョリティに向けて制作したいと思っていた。「福祉」の世界は、「遠い別世界」の話だと捉えられてしまうことが多い。でも、特別な話ではなく、誰の隣にも「普通」にいるのだ、ということを感じてほしくて、いつも伝え方を考えあぐねていた。

そんななかで、出会った明晴学園の子どもたちの楽しくて仕方がなさそうな姿は、手話の世界を知らない人も、関係のない人も、きっと惹きつける力があると思った。当初は、児童のうち誰か一人を主人公にする想定をしていたが、最終的には、学校そのものを主人公にした。

視聴者に対しては、「こっちの世界においでよ！」と、誘うようなイメージで制作した。関心さえもってもらえれば、手話の子どもたちが、卒業後に出ていく社会のあり方を、一緒に考えてもらえると思ったからだ。

†「卒業後の世界も描こう」

だが、「ハートネットTV」では、正直なところ、私の込めたメッセージは思うように伝わらなかった。放送後、たくさんの反響が寄せられ、「とても良かった」という声もあった反面、「手話のまま社会に出たら、どうするの?」という声も届いた。「それを一緒に考えて欲しいんだけど……」と、少し落ち込んだ。

そんななか、「ハートネットTV」のプロデューサー、村井晶子さんが「制作を続けよう」と声をかけてきた。私もリベンジしたい気持ちがあり、「是非やりたい」と賛成した。ただ、続編の方向性については議論になった。

村井さんは、「次の番組では、卒業後の世界も描こう」と提案してきた。手話の学校で土台を築いた子どもたちが、どのように外の世界へ羽ばたいていくのか見てみたい、と。「ハートネットTV」では意図を伝えきれなかった反省もあったので、村井さんの言うことは少なからず理解できた。けれど、私は不安だった。

なぜなら、自分自身が社会に出て葛藤した当事者の一人だからだ。第一章で書いたように、文字通訳と一緒に働けるようになるまで、紆余曲折があり、ようやくたどり着いた現在だ。それも、運良く理解者に恵まれたからこそ実現できただけだ。

学校の外へ出た子どもたちは、もしかしたら私と同じように苦しむかもしれない。「ほらみたことか」「だから手話だけで生活するのは無理じゃないか」と誤解されるのではないか。その姿を撮影して何になるのだと反対した。私は、自分の経験のなかでしか、想像力を膨らませられなかった。

ディレクターとプロデューサーの間には、両者の橋渡し役をしつつ、計画管理などをする「デスク」がいるのだが、デスクを担当する浅田環さんも話し合いに参加してくれた。

浅田さんも、村井さんと同じことを言った。「ハートネットTV」を見た視聴者としては、成長した子どもたちの「その先」を見たいという。村井さんと浅田さんは、何度も私に「事実を描けばいいんだよ」と話してくれた。

「ハートネットTV」を共に作ってきた仲だったので、信頼する二人にそう言われると、「何とかなるのかな……」と心が揺れ、迷いながらも、卒業生を取材することにした。多分、この二人と話したのでなければ、覚悟を決められなかったと思う。

腹をくくった後、私たちが企画書を出した先は「ETV特集」だった。内部の事情だが、NHKは番組ごとに班が分かれていて、局内でも企画書を採択する審議がある。

「ETV特集」は「EテレのNHKスペシャル」とも言われることがあり、多くの人に見てもらえるチャンスは広がる。だが、局内でも人気番組のため、全国各地のディレクターが企画書を出す。採択されるかどうかはかなり微妙だった。

当時、「ETV特集」のプロデューサーだった堀川篤志さんが、「ハートネットTV」を見てくれた上、取材の趣旨に賛同し、企画をプッシュしてくれたことが大きな後ろ盾となり、私たちは制作する機会を得た。

運と縁に助けられ、お膳立てはそろった。あとは、卒業生をどう描くか、という試練に向き合うのみだった。

†〝筆談キャッチャー〟ヒロ

卒業生の取材を始め、私は明晴学園一期生のヒロと出会った。二〇一三年に明晴学園を卒業した後、〝聴〟の高校へ進学し、出会ったときには大学二年生になっていた。

ヒロは礼儀正しく、クールなイケメン。凛とした顔つきをしていた。取材を始めると明晴学園のことはたくさん教えてくれるが、自分のことになると多くを語らない。だがその分、何かを内に秘めたような、力強い目をしていた。

ヒロはこれまでにもメディアの取材を受けていた。高校時代、野球に打ち込み、「筆談キャッチャー」として活躍していた姿が注目され、新聞記事になっていた。そこにはこんなことが書いてあった。

徒競走は学年一位。運動神経に恵まれた健康体で、耳が聞こえないのは生まれたときからだから、それが当たり前。「障害」と意識しないようにしてきた。でも、その負けん気ゆえか、高校時代に付き合った女子とは、長く続かなかった。

聞こえる彼女から「支える」と告げられ、「全然うれしくなかった」という。「聞こえない〝のに〟正捕手なんてすごいねともいわれたけど、〝のに〟に含まれる無意識の差別に反発した。聞こえないのは、運動能力には関係ない」

（「筆談キャッチャー　旅立ちの春」産経新聞、二〇一六年五月八日付）

一緒に記事を読んだ村井さんが「この子、いいね」と言った。すぐにはその意味がわからなかったが、「支えられるのが嬉しくないっていうエピソード、自分の考えを持っている子だと思う」という。

最初、ヒロは取材を嫌がったが、最終的には「明晴学園のためなら」と、しぶしぶ引き受けてくれた。

ヒロには学生生活の撮影とインタビューを依頼していた。どこで話を聞こうかなと思っていたら、カメラマンの中尾潤一さんが、「彼が小学部の教室を訪ねるところを撮ってみたい」と言ってきた。生意気にも、「えっ、何で？」と聞き返してしまった気がする。卒業後の「その先」を撮ろうとしているのに、何で過去に戻る場面を撮るのかな……と思ったが、中尾さんの狙いは、撮った映像がすべて教えてくれる。中尾さんの提案に乗って、ヒロと明晴学園の昇降口で待ち合わせをした。

ヒロが小学部の教室を訪ねるのは、九年ぶりだという。背中越しにカメラを回し、廊下を歩くヒロについていった。ヒロが六年生の教室に足を踏み入れたときだった。顔つきが、ふっと緩んだのがわかった。これまでの取材中には見たことのない、リラックスした表情だった。

教卓にある先生の机に座り、生徒たちの並んだ机を見渡す。そしてつぶやいた。

「……夢の国みたい。手話でみんなとしゃべるのが楽しかった。今はもうその夢は見られない。寂しいです」

まさかこんな言葉が出てくるとは思いもしなかった。撮影を開始したばかりなのに、なんだか切なくなってしまった。

そして、あの魔法の薬の質問も、ヒロにしてみた。

「在校生にも聞いた質問なんだけど……聞こえるようになる魔法の薬があったら、飲みますか？」

ヒロはガクッと少し首を落とした。「その質問、何？」とでも言いたげな顔を見せたが、すぐに答えた。

「飲みます」

「どうして？」

「聴者の気持ちを知りたいから。その薬を飲んで聴者になって、ろう者を下に見るようなその見方を知る。聴者のその見方は本当に正しいのか？　もし僕も正しいと思ったら、どうしたらいいのか、自分が考えることができると思う」

†ヒロの前に現れた壁

ヒロは明晴学園を卒業後、都立の高校へ進学し、〝聴〟の仲間と共に甲子園を目指した。

そして二年前、大学に進学。でも、壁に直面していた。

「大学の授業は全然わからない。プリントがあれば、少しは情報が得られるけど、それでもたぶん二〇〜三〇パーセントくらいかな。そのプリントを覚えればテストはできるけど、深い理解や気づきとか、本来、授業を聞いていれば得られるもの、例えば、興味深い研究結果があるからこの文献はお薦めだとか、そういう情報は、全然自分には入ってこない」

ヒロの現状を知って、私の思考はフリーズした。最も恐れていた、ヒロが明晴学園の外の世界で葛藤する姿を描くことになるのではないか。恐怖と不安で胸がいっぱいになった。

だが、ヒロは私の臆病な予想を超えて、はるかにタフだった。

「何もしないままで卒業はしたくありません。大学側への要望はハッキリ言う。言うだけじゃなくて自分でもいろいろと動いて説得していく。すぐに大きな変化を求めるのではなく、少しずつ改善していく。あと二年かけて少しずつ積み重ねたものを大学に残して卒業したいと思う」

ヒロの大学の撮影にお邪魔した日、ヒロがいつもお世話になっているという学生課の犬飼佳宏さんを訪ねた。犬飼さんからヒロに報告があるという。犬飼さんは少し覚えた手話でヒロに挨拶した。

「元気ですか？」

「疲れましたか。そうか（笑）。今日の報告は、ノートテイクとパソコンテイクの導入が決まりました」

ヒロが入学してから二年。授業の内容を支援者が筆記するノートテイクの予算が初めて組まれたという。さらに、この動きにつながったのは、ヒロの影響が大きいと犬飼さんが教えてくれた。

「まだ始めたばかりで、こちらも大学として受け入れだとか何かを運用するというのは初心者の部分もあります。彼は行動力があるので、授業の先生にも要望を忌憚なく、思ったまま伝えてくれて、それで先生方もこちら学生課のほうに連絡くれて、話として進んだということですね」

†〝ろう〟のまま聴の世界で生きる

これから体制を整えていくという段階だったが、講義はいつもどおり行われる。私たちは、ヒロが出席する「日本語教育」を学ぶゼミを撮影する予定だった。どうするのかな……と思っていたら、ここでもまた驚く光景を目にした。

ヒロの後について教室に入ると、出席者一人ひとりにあるものが配布されていた。教員が授業を始める。

「じゃあみなさん、ホワイトボード使っていきましょう」

互いの顔が見えるよう、ロの字に座った学生たちは一人ずつA4サイズくらいのホワイトボードを持ち、教員の質問に筆談で答える。ゼミの参加者が顔を合わせるのは、まだ二回目のようで、クラスはなんだかぎこちない。

「緊張してるかな？」

教員が質問すると、学生たちが一斉に、「はい」「はい」と、文字を書き込んだホワイトボードを胸の前に出し、周りに見せる。ヒロは何やらしばらく書いていて、のぞきこんだ女子がクスクス笑う。ヒロがパッと見せたボードには、「足がふるえるほどどきんちょーしてます」。教室で、どっと笑い声が起きる。

教員から「言語教育のどんなテーマに関心があるか、二、三人に分かれて話し合ってみてください」と指示が出ると、学生たちは驚くほど自然に、筆談での会話をこなし、盛り上がっていた。

よく見ると、クラスには、「留学生かな？」と思う学生が数人いた。先生に聞くと、ゼミ参加者九人のうち、ヒロを含めた四人が、日本語を母語としない学生だという。この大学自体、学生およそ九四〇〇人のうち七〇〇人が留学生であり、どの科目でも、参加者のうち三分の一ほど、必ず日本語非母語話者がいるそうだ。共通して、講義の内容をすべてクリアに聞き取ることは難しく、ノートをとっている間に聞き逃してしまう情報も、日本語が母語の学生に比べると多いという。

特に「日本語教育」の分野では、「多文化共生」を重視しているため、完璧にはいかなくても、最善を尽くしたいとのことで、講義のスライドをゼミのウェブサイトに載せ、いつでも再確認できるようにするなどの工夫をしていた。

このゼミのクラスでは、初めて顔合わせをしたときに、ヒロがホワイトボードを使って全員に声をかけたことがきっかけで、会話が広がる様子があったという。それが継続され、今回の授業に活かされた。つながりたいと思っていたのは、ヒロだけではなかった。

ゼミが終わり、教室から出ていくヒロにいつものようにカメラを向けると、照れ臭そうにカメラをよける。ちらっと見えた横顔は、はにかんだ笑顔だった。

ヒロも本当はうれしかったのかな。何も語らない広い背中を見ていると、これまでのたくさんの努力が詰まっているように見えてきた。
　ヒロが聴の世界にいることで変化が生まれていた。

【制作チームインタビュー❸】

プロデューサー　村井晶子「サンクチュアリの外側を描く」

〈プロフィール〉一九九六年NHK入局。ディレクターとして、子ども、若者、障害者、福祉に関するドキュメンタリーを多数制作。主な番組は「ことばあふれ出る教室～横浜市立盲学校～」（国際エミー賞入賞）、「大きないちょうの木の下で～いちょう団地の子どもたち～」、「卒業、しかし……～高校生たちの就職難～」、「ETV特集　それはホロコーストのリハーサルだった」（日本医学ジャーナリスト協会賞大賞）など。子ども一人称ドキュメンタリーシリーズ「カラフル！」の立ち上げも担当。二〇一六年からプロデューサーとなり、現在は「アナザーストーリーズ　運命の分岐点」やさまざまな特集番組を担当。

村井　ひさしぶりだね～。

長嶋　おひさしぶりです。

村井　みんなマスクをしているから、口が読めなくて大変じゃない？（二〇二〇年六月に収録）

長嶋　そうなんですけど、うちの部署の人たちが透明なマスクやフェイスシールドをつけてくれて、助かっています。

村井　たしかにいいかも！　今日は文字通訳もリモート（遠隔通訳）なんですね。

――はい、これがマイクみたいです。今日はよろしくお願いします。村井さんは、長嶋さんとはどれくらいのお付き合いになるのでしょうか。

村井　けっこう長いんです。私はプロデューサーになる前に、ディレクターとして子どものドキュメンタリーを作っていた時期が長いのですが、そのころに長嶋さんと同じ班になったことがありました。

長嶋　二〇〇八年に初任地の奈良局から東京に転勤になり、「みんな生きている」や「カラフル！」を制作するチームに着任して、村井さんが別の部署に異動するまで一緒でした。

村井　そうだったね。

二〇〇八年に最初に出会ったときは、長嶋さんは難聴だけどけっこう聞こえていたイメージがありました。会話もして、取材もして。ただ、私が二〇〇九年に別の部署に異動する直前に長嶋さんが体調不良のために休むことになったんです。それで、長嶋さんが途中でできなくなった番組を私が引き継ぎもしました。でもその直後に、私も異動したので、局内ですれ違ってちょっとしゃべることはあっても仕事としては接点がなくなって。

長嶋　それが、私が二〇一四年に文化・福祉番組部に異動したときに、また村井さんと同じ班になったんですよね。

村井　そうそう。私は「ハートネットTV」の制作チームにいて、長嶋さんは同じチームで、ろう者・難聴者向け番組を担当することになったんです。久しぶりに再会したときには、けっこう聴力が落ちていたよね。

――長嶋さんは、聴力が落ちた後しばらく腐っていた、仕事に身が入らなかった時期があったということなのですが、村井さんと福祉班でご一緒されたときにはどんな状況だったのでしょうか。

長嶋　そのころはもう通訳がついて、番組も作れるようになって、気合が入っているときでした。

慎重に慎重に現場を見るタイプ

――村井さんから見て、長嶋さんはどんな方ですか？

村井　面白いですよ、裏がなくて（笑）。すごく明るくて、豪快に笑って、わりとみんなに「いじられる」感じ。とにかく愛されキャラです。

でも、ディレクター同士だったときはわからなかったのですが、プロデューサーになって一緒に番組をつくるようになってから気がついたのは、長嶋さんがすごい心配性でもあるということ（笑）。直感で決めるタイプのディレクターだと思っていましたが、実は心配性というか、緻密なところもあって。

長嶋　めちゃくちゃ心配性です（笑）。

村井　ね（笑）。プロデューサーになってすぐに「ハートネットTV」で「障害者と戦争」についてシリーズを組んだんです。そのなかで、長嶋さんには、長嶋さんの視点で戦争を体験したろう者を取材してもらうことにしました（「わたしが見た〝ろう者の戦争〟」二〇一六年）。でも、なかなか取材先が決まらない（笑）。日本中の戦争を体験したろう者を全員探して取材したんじゃないかというくらい、毎日「この人がいました」「この人いました」って報告に来るんです。どの人も魅力的で、取材を深めたら面白そうなのに、長嶋さんは自信を持てずに悩んじゃって、どんどん取材が拡大していく。番組デスクと私が「この人も、この人もすてきだから、これ以上探さなくていいからロケしてみようよ！」って背中を押して、ようやくロケ先が決まりました（笑）。

でもそれはいいことでもあるんですよね。ディレクターのなかには、事前にある程度計算して、効率よく取材をするタイプもいるけれど、長嶋さんはそうではなくて。慎重に慎重に取材を重ねて、積み重ねたもので番組を作るタイプのディレクターだと思います。すごく努力家だと思う。

†提案会議で真っ先に手を挙げた

――この「静かで、にぎやかな世界」という番組は、どのように始まったのでしょうか。

村井　月に一回、提案会議を開催していたんですが、そこにディレクターが、やりたい企画書を持ってくるんですね。そこで長嶋さんが、「No Sign, No Life」という企画を提案したんです。明晴学園の学校公開に行って、子どもたちの姿にすごく感動したから、手話で生きる子たちの物語をやりたいって。

実は私はその前の日にもその企画の内容を見せてもらっていたんですが、もう読んだ瞬間に、やりたい！　と思って。というのも一〇年前、明晴学園が誕生したころに私自身も学校に行って取材をしていたんですが、なかなか番組化ができなかったんです。長嶋さんだったらできると直感しました。提案会議には他にもプロデューサーが三人くらいいたんですが、誰も発言しないうちに「私がやります！」って手を挙げました（笑）。

長嶋さんの企画は、とにかく子どもたちがいきいきと、手話で会話して、手話で生活しているのを見せたいというコンセプトでした。

——ETV特集になる前に、他にも番組をつくったんですよね。

村井　はい。まずは、「ハートネットTV」と「ろうを生きる 難聴を生きる」で放送しました。これらの番組では、「手話」を使って子どもたちがいきいきと学んで、成長している様子を、基本的には学校の中に限定して制作しました。

この番組を制作する過程で、長嶋さんが一貫してこだわっていたのは、「聞こえる人を驚かせたい」ということでした、笑顔がはじけんばかりの子どもたちの様子を見せて、多くの人が持つ「聞こえないのはかわいそう」という固定観念を覆したいということだったと思います。その延長線上にあることなのですが、私はもう一つ、裏のメッセージとして「子どもの成長に必要なこと」ってなんだろうってことを投げかけたいと思っていました。それが私にとってのハートネットの肝であり、伝えたいことでした。

ろうの子どもに限らず、どんな子どもでも自分らしくいられる環境で成長できること、あるいは自分が自由に使える「言葉」を使って人生を深められることというのはすごく大切だと思うんです。でも、これまで耳が聞こえない子どもは、聞こえるマジョリティに合わせるしか選択肢がありませんでした。それを変えたのが明晴学園。耳が聞こえないなかで、苦労しながら聞いたことのない音声言語の日本語を学ぶことは簡単ではありません。明晴学園では社会のマジョリティがつかう「日本語」だけにこだわり続けるのではなく、子どもたちが自由に操りやすい「手話」を第一言語と位置づけて伸ばすことで、子どもの思考力を高め、コミュニケーション力を高め、結果的に子どもたちに自信を持たせていました。そこに大事なメッセージがあると思いました。

放送後にもう少しテーマを広げて、取材を追加して作り直したのがＥＴＶ特集の「静かで、にぎやかな世界」です。

――とても基本的なことを伺うのですが、プロデューサーの仕事というのはどういうもので、ディレクターとはどのように連携していくのでしょうか。

村井　まず、長嶋さんがやっているディレクターは、現場で最初から最後までディレクションするいわば監督役です。とくにドキュメンタリーの場合は、現場で起きたことを見ているのはプロデューサーではなくディレクターなので、番組チームの真ん中にいるのはディレクターなんです。

プロデューサーは、私はたいしたことはできていないんですが（笑）、番組の最終責任者です。少し俯瞰したところで伴走して、悩んだときに話を聞いたり、場合によっては「こういう取材もしたら？」と提案することもあります。

ディレクターはどうしても取材先や現場にどっぷりつかるので、プロデューサーはもう少し大きな枠組みを考えたり、番組のメッセージや、方向性、語り口などを俯瞰した視点でアドバイスし、最終決定します。あとは、広報や予算管理も含めて番組をプロデュースするということですね。

†学園の外を描くという決断

——ETV特集で明晴学園の卒業生のヒロくんを取材したのは、村井さんのご提案だと伺いました。

村井　はい。ハートネットTV「静かで、にぎやかな学校——手話で学ぶ明晴学園」（二〇一七年）では、先ほども言ったとおり、基本的には舞台を学校の中に限定して制作しました。当初目指したとおり、子どもたちのいきいきとした姿、あまり見たことのない彼らの手話の世界を伝えることができて、私自身も番組の仕上がりに満足していました。

でも、やっぱりこれはサンクチュアリというか、守られたなかでのキラキラした愛おしい時間を捉えたものであって、彼らはいずれ社会に出ていくんだよね、とも思ったんです。

視聴者からも大きな反響があって、「とても感動した」「手で語る子どもたちが素敵だった」という好評意見も多かったんですが、「でも卒業後に困らない？」という声も少なからずありました。

それで、やはり明晴学園の外側、彼らがその後歩んでいく人生がどういうものなのかを描いたほうが、聞こえる側の人たちにとっても別世界に暮らす人たちではなく、身近な存在だと気づいてもらえるし、自分たちがどういう社会に生きているのか考える契機になるのではと思ったんです。だから、続編のＥＴＶ特集で、学校の中だけでなく、卒業生の姿も取材すると決めました。

†くじける姿を見たいんじゃない

長嶋　村井さんが「学校の外に出て、その後も描こう」というのは、私は最初、いやだって言ったんです。

村井　そうだったね。そもそもサンクチュアリの外を本当に描く必要があるのか、最初はそこで議論しました。

私の理解では、ですが、私は現実にこの子たちが学校をいずれ卒業してくのだから外の世界も描くべきだと思っていたんですが、長嶋さんは、自分が難聴で苦労しているだけに、「外に出てぶつかるところを撮ってほしいんでしょ?」っていうふうに誤解したんだと思うんです。

――大変なところを見せて感動を呼ぶ、というような?

村井　子どもたちが手話でいきいきとしゃべって、学んでいる姿を見せて、せっかく視聴者の固定観念を覆すことができたかもしれないのに、また「ほらね」って言われるような、苦労するところを見せなきゃいけないいんですか? っていう感じがあったんじゃないかなって。

でも私は外を描く部分がないとETV特集にできないだろうという話をして、一回納得した後に、長嶋さんがロケ前の構成イメージを書いてきてくれたんですよね。そしたら、驚くほどつまらなくて!(笑)

長嶋　はは(笑)。

――ええ!?

村井　学校の子どもたちがそれぞれ、スイミングスクールでこんな苦労をした、この子はこんな苦労を、この子は……って、条件は違うけど、同じような壁にぶつかって苦労した話をいっぱい集めてくれて。一つひとつは尊い話なんですが、そういう苦労をたくさん見たいんじゃなくて……。

私ごとですが、「ハートネットTV」を制作していたときは、息子が保育園の年長で、小学校進学を控えていろいろと不安があった時期でした。そんなときに、編集室で明晴学園の子どもたちの姿を見て、「あ！　こんな学校に行かせたい」と本心で思ったんです。子どもたちが自分のアイデンティティーや「言葉」をきちんと持っていて、さらに一人ひとりが、その習得した言葉と自らの考えを持って、他人と議論を深めていました。

そうやって、一人ひとりの児童生徒がちゃんと自分を確立して、自分で人生を切り拓いていけるような教育をしている学校だからこそ、卒業していく子どもたちに寄り添えば、何かしら私たちに気づきを与えてくれるのではないかな、と思っていました。

明晴学園の子どもたちが苦労してくじける姿を見たいんじゃなくて、社会の側が、せっかく自分のアイデンティティーを確立した子どもたちとどう接するのか、というようなことを知りたかったんですよね。そして、彼らが自分たちのアイデンティティーとどう向き合ってこの社会で生きていくのか……。

漠としていますが、そういうことを言いたかったんですが、(長嶋さんの構成には)見事に壁にぶつかって砕けるエピソードがいっぱい(笑)。そこでもう一回話をして。でも、長嶋さんはどこで解決したんだろう。そこですごく悩んでいたよね。

長嶋　「事実を描ければいいんだ」って言われて、子どもたちに話を聞くと、やっぱり社会にはまだ壁があるじゃないか、と思って。「どうすればいいかわからない」って迷いながらやっていました。実際にわかったのは、ロケに行ってからだと思います。

村井　そういうものだよね。

長嶋　うまくいかないんじゃないかとしか想像できなかったから……。

村井　そう、うまくいかなくてもいいから、事実をとってくればいいって、何度も話した気がします。

——でも、そのつまらない構成表ではGOができないわけですよね？　打ち合わせを続けて、練り直してからロケに行ったんですか？

村井　いや、まあ結局答えは現場にしかないので……。私も二四時間付き合えないし、伝えることは伝えて、あとはがんばって？みたいな(笑)。

——なるほど、相談したり、迷ったりしながらロケに出ていくんですね。

†子どもたちの「言葉」の強さが番組をつくった

——「静かで、にぎやかな世界」で、村井さんが初めて粗くつないだ映像をご覧になったのはどれくらいのタイミングでしたか？

村井　どうだったかな……でも、本当に何回も見たよね。

長嶋　まだアンナさんのロケができなかったので。

村井　そう、ロケをしつつ編集したものを見ていました。放送が五月でアンナさんの高校生活を撮るのが四月だったから、編集する時期に長嶋さんはロケで編集室にはいられないことも多く、編集マンの松本さんから何度も私にSOSの電話がありました。長嶋さんは「聞こえない側」に寄り添いがちなので、視聴者の大多数が「聞こえる」ときに番組としてどうつないでいくべきか、迷いがあったようにも思いました。

普段なら、プロデューサーは、ある程度、ディレクターと編集マンの間でつないでもらってから編集室に入ることが多いのですが、いつもよりは私も編集室にいる時間を長くして、ディレクターに寄った仕事をしていたかもしれません。

——ヒロくんが冒頭で番組のナビゲーターのような役を務めるというのは、最初から決まっていたのでしょうか。

村井　ＥＴＶ特集の企画書を書いたときから、ヒロさんの一人語りで番組を作りたいという話はしていました。私から長嶋さんにお願いしたのは、ヒロさんという明晴学園の一期生が今、どう感じているのか、ワンポイントではなくて、番組が進むなかで描いていってほしいということ。そして、いわゆる客観ナレーションを排した番組にしたいということも、企画の段階から議論していました。

その理由は二つありました。一つは明晴学園の子どもたちの「静かで、にぎやかな世界」について、聞こえる側のナレーターが解説したり語ったりすることに違和感があったんです。

「ハートネットＴＶ」ではナレーションを女優の永野芽郁さんに依頼しました。それは、視聴者を知らない世界へいざなう素敵なナレーションとなりましたが、ＥＴＶ特集では子どもたちが聞こえる人たちが大半を占める社会に出たときの思いにも迫ります。そのときに「聞こえる側」にいる人が彼らの思いを伝えるナレーションを読むことは想像ができませんでした。だから、学校の世界も、外の世界も知るヒロさんが語るのがベストだと思ったんです。

ノーナレーションにしたもう一つの理由は、極力音楽やナレーションなどを足さないことで、視聴者にもありのままの「静かで、にぎやかな世界」を楽しんでもらいたいと思ったことです。

とはいえ、もともと音の少ない現場の映像に、さらにナレーションもなくて、六〇分も番組が持つのか不安もありました。でも、ちょうど長嶋さんがロケで不在がちだったということもあって、編集の松本さんがつないだときに、ナレーションが間に合わないことがあったんです。松本さんが編集画面上に「だいたいこういうことを言うんだよね」ということをテロップで入れてくれたんですよね。「これどうする？　長嶋に読んでもらう？このまま見る？」って言われて。それで、そのまま無音で見たんです。そしたら、「あ、行ける！」って。ナレーションなしで行こうと決意した瞬間でした。

――怪我の功名ですね。出来上がった番組は、最初のイメージに近いものでしたか？

村井　私は現場にいない立場で好き勝手言ってるだけなので、やっぱりディレクターやカメラマンたちが撮ってくる「映像」の強さって、本当の意味では想像できないんです。「ハートネットＴＶ」でもそうでしたが、「ＥＴＶ特集」になったときにも、子どもたち自身の持っている力、彼らの持っている「言葉」の強さを改めて強く感じました。

学校が哲学を持って子どもたちを社会に送り出しているからだと思いますが、卒業していく子どもたちも芯があって、たくましくて。障害があるとすれば、彼らにあるのではなく、社会の側がつくっているものだと確信しました。

あとは、苦労をしていましたが、やっぱり長嶋さんがディレクターだったから作れた番組だと思っています。

長嶋さんが、ギャラクシー賞の授賞式で「誰が撮っても、この学校を舞台にすれば素晴らしい番組になります」と言っていたんですが、それも一理あると思います。本当にすてきな学校なので。そしてカメラマンや編集マン、ここに名前の挙がっていない人たちも含めて、チーム全員で知恵を出し合って制作した番組であることも事実です。でも、「静かで、にぎやかな世界」には、やっぱり長嶋愛でなくては作れない視点があり、さまざまな経験をしてきた彼女だからこそそのぶれないメッセージがあるのではと、思っています。

（構成／編集部）

第七章

手話の子どもたちが描く未来

小学部4年生の児童たちが、「20歳の自分」を絵に描いてくれた

†二〇歳の自分へ

二〇一八年三月。小学部では一年の締めくくりにさまざまな授業が行われる。四年生は、一〇年後の自分、つまり「二〇歳の自分」に手紙を書くことになった。お姉さんキャラのハルネが肘をつきながらつぶやく。

「なんか二〇歳って、頭が良いイメージだけど」

児童会委員を務める、しっかり者のウララが続く。

「私は大学に通ってると思う。仕事は大学を出てから」

クラスで女子によくいじられているハルトは、

「仕事してる。大学を出て大工さんになる。ビルを建てたい。だってお給料が高そうだから」

と、ニンマリする。

せっかくなので、カメラの前で、一人ずつどんな手紙を書いたかを教えてもらうことにした。「二〇歳の自分の絵を描いてくれない？」というと、みんなワッと教室の白板に描き始めた。

ハルネはマグカップを手にした可愛い女の子を描きあげた。

「二〇歳の私への手紙です。コーヒーショップで働きたいと思っています。二〇歳の私はどんな仕事をしていますか？　コーヒーショップじゃなくてもいいですよ。どんな仕事をしていますか？」

続いては、ウララ。何やらパソコンのイラストを一生懸命描いていた。

「大学に通っているころですよね？　一人暮らしですか？　家族と一緒に住んでいますか？　どっちですか？　一人暮らしなら部屋はきれいにしていますか？　それとも、お菓子とか散らかっていますか？　大学は全国にありますが、どこに入りましたか？　私は将来、英語と日本語の翻訳の仕事がしたいです」

「春のうた」を朗読したココロの夢は、さらに具体的だった。

「東京大学と、漢字検定の一級に合格することが目標です。大学生になったらアルバイトをしたいです。アルバイトは本屋さんがいいです。本屋さんできれいに本を並べられていますか？　以上です」

どの夢も、子どもたちが本気で望めば、叶うだろうなと思った。

未来には、無限の可能性が広がっている。「大丈夫だよ」って言えるように、私たち大人も道を作らなきゃ。だから、社会もみんなで協力してね。そんなことを思いながら撮影を終えた。

†小野先生を泣かせよう！

六年生は、今日も「日本語」の授業。でもいつもより、ちょっとワクワクした表情をしていた。卒業を前に、六年間担任だった小野先生へ作文を書くことになったのだ。小野先生に見つからないよう、わざわざ図書室に移動して、何を書くか話し合う。「ねえねえ」と松山先生が切り出す。

「小野先生が泣いたところ見たことある？」

子どもたちは、「とんでもない！」というような顔をする。ハルカが目を見開いて、手を振る。「ないないないない。先生に「卒業式で絶対泣くよね」って言ったら、「泣かないよ」って言ってた！」と、先生との会話を思い出して、嬉しそうに話す。

すると、松山先生がいやいや、とすぐに反論する。一人ひとりの原稿用紙をトントンと指しながら、「卒業式じゃなくて、この作文で……泣いちゃうかも!?」と、泣きまねして見せた。

子どもたちがキャーッと盛り上がる。

「作文を読む手をどかしたら、号泣してるかも！」

と、ハルカはご丁寧に、鼻水が垂れる顔まで想像して、キャッキャキャッと笑う。

子どもたちは松山先生の戦略にまんまとひっかかり、それぞれの小野先生との思い出を書くことにした。どんなことがあったかなあと、みんなで振り返る。チサキが修学旅行でのうっかりエピソードを持ち出してきた。松山先生が驚いて、尋ねる。

「本当？　小野先生が寝坊したの？」

みんな、「え〜？」という顔をしてハルカがチサキに尋ねる。

「修学旅行のホテルで、二日目？　三日目？」

「小野先生が来ないから白石先生が、部屋を見に行ったら、まだ寝てて、慌てて起こしたんだって」

誰もそのことを覚えていないようだった。でもチサキは、鮮明に小野先生の姿が目に焼き付いていた。

「慌ててた、っていうのが面白い」

小野先生が六年生の担任だとわかったときは、「え〜また〜」とうなだれていた子どもたちも、実は小野先生のことが大好きでたまらない。先生のことを思い出すときの子どもたちの表情は、幸せそうで、楽しくて仕方がないように見えた。

いざ作文を書く作業になると、ウンウン考え込んでいたが、一度、鉛筆を走らせ始めると真剣な面持ちで、静かにガリガリと書いていた。

「六年間の感謝の作文を送ります」

松山先生と、何度も書き直した作文を、ついに先生に手渡す日がやってきた。子どもたちは、小野先生に教わる最後の算数の授業が終わりに近づいたころ、突然先生にある提案をした。

「これから、卒業式用の写真をみんなで撮りに行きたい」

「えっ？　これから？」

突然の申し出に小野先生は戸惑いながら、「仕方がないなあ」という感じで、授業を早めに切り上げてくれた。

子どもたちは先に教室を出て、先生には後から合流してもらうことにした。先生が指定された場所は、体育館。片付けを終えてやってきた小野先生が、扉を開けて入ってくるや否や、「え〜？　ちょっと〜」とでも言いたげな、戸惑いの表情をする。

「ここを歩くの？　恥ずかしいなあ」

体育館は、すでに卒業式の準備がされていて、床にはレッドカーペットが敷かれていた。さらに、舞台前には壇上が作られ、そこで六年生が待っていた。小野先生は卒業生のように、カーペット上を歩いて、子どもたちのもとへ向かう。

壇上には、チサキが校長先生の役になって立ち、その下でユウトが卒業証書を入れるためのお盆を持っている。小野先生が壇上にのぼり、チサキと向き合うと、挨拶が始まった。

「私たち六年生から、六年間の感謝の作文を送ります」

ユウトが持つお盆から、チサキが原稿用紙を取り出し、小野先生に授与する。先生は、まるで卒業生のように、最初に左腕を前に伸ばし、次に右腕を前に伸ばし、一礼して丁寧に原稿用紙を受け取った。何が書いてあるのかなと、用紙に目を落とすと同時につぶやいた。

「すばらしい！」

先生は、その場でみんなの作文を黙読し始めた。最初に開いた用紙は、ユウトからの作文だった。

二年生の時、ぼくとコウガ君は親友でした。おしゃべりをしていたら、ぼくは思いつきました。「そうだ！　髪を切ろう。」そして、小野先生が来ました。「どうして髪を切ったの」と怒りました。小野先生は覚えていますか？

読みながら、小野先生はみんなにわかるように、手話で答えた。
「髪の毛切ったの、覚えてるよ！」
みんな先生の返しに、どっと笑う。
続いて読んだのはチサキの作文だ。

私が忘れられないのは、私がハルカさんと大げんかした時のことです。小野先生は自分の小さい時の話をしてくれました。女の子とけんかをしたこと。でもちゃんと仲直りできたということ。ぼくはできた。あなたもできる。そして今、わたしたちは仲良しです。

そして偶然にも、ハルカも喧嘩をしたときのことを作文にしていた。

仲直りをしたいけど、まったくうまくいかなかった。すると小野先生は言った。「きっと仲直りできる」。もし小野先生がいなかったら、ずっと暗い気持ちで答えを見つけられなかったかも。小野先生がいてよかった。私は頑張るから小野先生も頑張ってください。きっと大丈夫。うまくいく。

チサキとハルカは、二人並び、一緒に小野先生を見つめていた。「うんうん」とうなずきながら読む先生の瞳は、少しうるんでいるようにも見えた。

「とてもうれしいです。ありがとう。だからみんな一生懸命に書いていたんだね。「あっち行って」なんて失礼なこと言うなぁと、思ってたんだけど、このためだったんだね。どうもありがとう。うれしいです。あとでゆっくり読みたいな。みんなが見ていないところで、ゆっくり読むよ」

先生は六年生一人ひとりに手を差し出し、握手をして、お礼をした。子どもたちの期待は外れ、先生の涙は流れなかった。でも、みんなが帰った後、こっそり先生に声をかけると、どうも我慢していたようだった。

「六年間の担任が終わるんだなあという気持ちです。卒業式は明後日です。泣くのは全て終わってからです。今日はまだ最後ではないので、グッとこらえました」

小野先生は眉毛を八の字に下げ、照れくさそうな表情を見せてくれた。

†卒業式

三月二二日、いよいよ卒業式の日を迎えた。幼稚部から中学部まで、合同で行われる。あいにくの雨だったが、校内は卒業式を楽しみに待つ保護者の姿でにぎわい、温かい雰囲気に包まれていた。ハルカの両親の姿もあった。母のハルミさんは胸元に花をつけ、父のシンイチさんは、首から一眼レフをぶら下げている。

ハルミさんの手が軽やかに踊る。

「すごく感動しています。感慨深いです。今日はハルカが、どんなことを話してくれるかとても楽しみです」

大勢の保護者や在校生の姿で埋まった体育館で、静かな卒業式が始まった。ピアノの演奏やアナウンスは一切ない。卒業生が入場すると、会場の全員が両手を頬の横でひらひらと振り、手話の拍手で迎える。六年生の四人は、そのまま明晴学園の中学部へ。中学三年生の六人は、それぞれ別々の高校へ進学が決まった。

壇上で、校長の榧先生が、卒業証書を手話で読みあげる。

「あなたは小学校の全課程を修了したことを証します。おめでとう」

壇上にのぼる生徒一人ひとりの顔は、一年前に出会ったときよりも、大人びた顔つきに変わっていた。

卒業証書の授与が終わると、六年生四人が全員、壇上で一列に並んだ。ハルカが代表で挨拶をする。

「六年間お世話になりました。本当にありがとうございます。感謝の気持ちを込めて手話ポエムを送ります」

ユウヤが続く。「この詩は谷川俊太郎の『卒業式』です」

六年生の「答辞」は、手話による朗読だ。チサキが列から一歩前に出る。

ひろげたままじゃ持ちにくいから
きみはそれをまるめてしまう

チサキは手元に広げた卒業証書をくるっと丸め、筒状にしたかのような仕草をすると、隣のユウトへバトンタッチ。受け取ったユウトが、チサキと入れ替わりで前へ一歩出る。

まるめただけじゃつまらないから
きみはそれをのぞいてみる

丸めた証書をのぞきこむかのように、両手の拳の隙間を片目でのぞきこむユウト。隙間から何かを見つけたのか、「あっ」と顔をあげる。

卒業証書の望遠鏡でのぞく
きみの未来

（谷川俊太郎「卒業式」『詩の散歩道 どきん』）

この先は、子どもたちが一人ずつ、オリジナルの言葉を読み上げていく。

（ユウト）望遠鏡でのぞく僕の未来
表彰台の一番うえでガッツポーズ
冬のデフリンピック
スキーで金メダル

（チサキ）私の未来
水しぶきをあげ泳いでいる
ゴールに手がつき
歓喜する
デフリンピックの水泳で金メダル

（ユウヤ）僕の未来
空手の「平安2」で優勝

（ハルカ）私の未来

幕が開く
スポットライトに照らされ
目の前には
大観衆
私は舞台に立っている

どの子も堂々としていて、一人ひとりの手話はとてもしなやかに美しく、音楽はないのに、軽やかにジンと伝わってきた。保護者席から見守るハルカの両親が、そっと涙をぬぐっていた。会場は、ひらひらと揺れる温かな手話の拍手でいっぱいになった。

子どもたちとの別れのとき、下校する子どもたちを昇降口から撮っていると、校門に向かって歩いていたウララが立ち止まって、何か言ってくる。「帰らないで。帰ったらダメ。明日も来てね」。そして、カメラのほうへ駆け寄ってきた。「本当よ、約束。本当だよ」。小さな手を差し出し、カメラマンの中尾さんと指切りした。

ろうの子どもたちから「私たちのこと、しっかり伝えてね」と、託された気分になった。

明晴学園から一歩先は、子どもたちにとって「世界は分かれて見える」かもしれない。でも心はつながれたような気がして、うれしかった。

†聴の世界で

二〇一八年四月。この年の桜は早く散ってしまったが、同じように春はやってくる。

私たちは、県立高校へ進学したアンナに会いに行った。校舎に入り、すぐに「あっ」と思った。授業の終わりを告げるチャイムが「キーンコーンカーンコーン」と鳴っていたのだ。明晴学園ではいつも教室に設置されたランプが緑や赤に点灯して、始業や終業の知らせを音で聞くことはなかった。久しぶりに耳にしたチャイムの音に改めて、「〝聴の高校〟にいるんだな」と思った。

教室にたどり着いたときは、ちょうど休憩時間だった。アンナの姿を探すと、女の子の友達を手招きして、スマホの画面を見せている。話しかけたいことを文字で打って見せたのだろうか、友達が画面を見て笑う。さらに机にはホワイトボードもあり、筆談しながらおしゃべりしていた。明晴学園で見かけたアンナと同じ笑顔があって、ほっとした。

授業が始まると、教室は三〇人はいるであろう一年生の姿で埋め尽くされた。決して珍しくない光景だが、明晴学園に一年通い続けた私は、目まいがするかと思った。明晴学園の一学年は、多くても八人だった。さらに、お互いの手話と顔が見えるよう、席は扇形に配置されていた。

この教室では、生徒全員が教壇に向かって同じ方向を向き、さらに、教師の話を聞きながらノートをとるため、自然と姿勢は前かがみになる。そんななか、まっすぐに姿勢を正し、板書を慎重に目で確認している生徒がいた。アンナだった。教室の一番後ろ、窓際の席だったが、大勢の生徒のなかでも、すぐに見つけることができた。アンナは、音声認識ソフトを使って、授業を受けていた。生物の担当教師が、首からぶらさげたマイク越しに、顕微鏡の使い方を説明する。

「まずは低倍率にセットして観察を始めます。調節ねじを回してプレパラートと対物レンズを近づけます……」

先生の声がマイクを通じて文字に自動変換され、アンナの机の横に置かれたパソコンに表示される。

だが、誤認識も起きる。「もう片方はそっている凹面鏡……」と先生が話すと、凹面鏡のはずが「大免許」に。平面鏡は「平面今日」に。認識された文字だけでは、混乱が生じてしまう。アンナは授業内容をパソコンで筆記する通訳を求めていたが、まだ実現していなかった。当面は、県が配置した支援員がつきそい情報を補う。

放課後は、自転車に乗り、同級生と一緒に下校してゆく。しゃーっと、校庭の坂を駆け抜けていく女の子たちの姿は、どの子もはつらつとして可愛らしく、一〇代特有の輝きがあって、まぶしかった。「聞こえる・聞こえない」なんて関係なく見えた。

下校後のアンナに、新しい高校生活について聞くと、弾けんばかりの笑顔で答えが返ってきた。

「すごく楽しい。今までずっと同級生が六人だったのが、急に何倍にも増えたから、いろんな性格の人がいて面白い。おしゃべりするのは、こんなに楽しいんだなって。新しい世界が開けた感じです。大学に行けば、さらにいろんな世界に触れられる。例えば他の国々の文化とか、もっと世界を広げられると思います」

経験したことのない風が、私の目の前を一気に吹き抜けたかのようなインタビューだった。学校の外に出た子どもたちを見ることに怯えていた日々が嘘のようだった。アンナは明晴学園での日々を糧に、自分の力で新しい扉を開けていた。

同じ春、私はヒロに、こんな質問をした。

「一〇年後の社会に聞きたいことはありますか？」

ヒロは私たちロケスタッフと接するとき、いつも「ろう者」として、あるいは「明晴学園・卒業一期生」として取材に応じてくれた。だが、たった一人の「ヒロ」としての思いを知りたくて、投げた質問だった。すると、ヒロらしい答えが返ってきた。

「「手話を知っていますか？」かな。〝Hello〟とか、〝Thank you〟とか、簡単な英語なら誰でも知っているように。〝No〟〝Yes〟とか、みんなわかりますよね。だから手話も、ほんのちょっとでいいんです。表現を忘れちゃっていてもいいから、手話のことを知っていてほしい。「手話？　何それ？　知らない」じゃなくて、「どう表現するんだったっけ」でも構わない。手話を知ってくれているほうがいい」

【明晴学園卒業生インタビュー】

大竹杏南さん「ろう者としてのアイデンティティーを認める心を育ててくれる場所」

〈プロフィール〉二〇〇二年生まれ。生後七カ月から明晴学園の前身であるフリースクール、龍の子学園に通い始め、幼稚部二年から中学三年生までを明晴学園で過ごす。明晴学園では陸上部に所属、生徒会長をつとめた。現在は千葉県内の県立高校に通っている。

――「静かで、にぎやかな世界」をご覧になった感想は、いかがでしたか?

初めて放送されたときには、私は明晴学園を卒業してすぐだったので「そうそう、そうだったそうだった」って思いながら見ていました。

今回三年ぶりに見直したら、懐かしいなーって思いました。昼ごはんのときに、みんなが座ってわーっと手話でしゃべってる。授業中も先生が手話を使っている。手話が当たり前にあったあの時間は、本当に貴重だったんだなって感じました。

普通は、過去のことを振り返るときに映像が残っているってことはないと思うんです。ああいうかたちで番組として残っているっていうのは、すごくいいなと思いました。

――まずは、アンナさんご自身について教えてください。明晴学園には、中学卒業まで通われていたんですよね。

そうです。幼稚部二年生から中学卒業まで、明晴学園に通っていました。今はろう学校ではなく、千葉県内の一般の高校に通っていて、大学を目指して勉強しています。

家族は、私以外全員が聴者です。父と母、姉、私が真ん中で、下に妹がいる三姉妹です。

生後まもなく私の耳が聞こえないとわかったときに、病院では口話教育がメインの学校を紹介されたそうです。それから、母もいろいろな学校を調べるうちに手話で学べる龍の子学園を知り、当時〇歳だった私をつれていきました。そこではろうの大人が、ろうの子どもたちが一〇〇パーセントわかる手話を使って子どもたちと遊んでくれていて、「うちの子もこんなふうに育ってほしい」と思って、当時はフリースクールだった龍の子学園に決めたそうです。

その後、私が幼稚部二年生のときに、龍の子学園が正式な学校になり、明晴学園という名前になりました。

†カメラがいるのが自然な状況

――一年近く取材が行われていましたが、学校のなかにカメラや取材者がいるというのは、正直なところどんな感じでしたか？

ぜんぜん関係ないです。明晴学園っていつも見学の人がいるし、外国の方も来るし、「あああまたなんかカメラが来たんだな」という感じでした。取材がちょこっとしか来ないならぴしっとするんですけど、あまりにもカメラがあるのが自然な状況だったので、当時は気にしていませんでした。

――ディレクターの長嶋さんや、カメラマンの中尾さんとはよくお話をされていましたか？

パイ投げのとき！　パイ投げの計画をしているときに長嶋さんたちが来て、「なにかあったら手伝うよ」って言ってくれて、そこで「あれ？」って思いました。あ、手伝ってくれるんだって。私は取材だからあなたたちとは違います、みたいな感じじゃなくて、私たちが自然なままを受け止めてくれていたと思います。

カメラが来たってなると、みんなカメラマンの中尾さんの写真を撮るんです。インスタのストーリーって、二四時間で消えるじゃないですか。友達に見せるのに、「こんな人きた！」ってみんな中尾さんの写真をストーリーにあげてました。

†想定外だった質問

――番組のなかで、長嶋さんから「耳が聞こえるようになる薬があったら飲みますか?」という質問がありました。視聴者はあの質問に驚いたのですが、実際に聞かれたときにはどう思いましたか?

それまでに聞かれたことはだいたい想定できたんですけど、これだけは想定外の質問でした。

今までを振り返ってみて、今までの自分と聴の世界にいる自分を考えて、想像を膨らませました。すごくいい機会だったなと思います。嫌だなとか、なんでそんなこと聞くの?とは、ぜんぜん思いませんでした。

――同学年の方たちは、飲まないとか、飲んでも数時間でいいと答えていましたが、アンナさんだけは「飲みます」と答えていました。どういう思いだったのでしょうか。

私は、ろう者と聴者と外国人の違いにこだわっているわけではないんですよね。結局は同じ人間でしょって思うんです。だから「ろう者のままで」って言うほどこだわりもないし、もし聴者になったら、聴者の新しい見方が自分のなかに出てきて面白いんじゃないかなと思いました。自分が嫌だからろう者から聴者に変わりたいということではなくて、今の自分も好きだし、ちょっと見方を変えてみたいと思ったんです。

†明晴学園で「違う世界」に目が開いた

――「聴者の世界を知りたいから、聞こえるようになる薬を飲みます」と答えたアンナさんは、その後、明晴学園という慣れ親しんだろうの世界を出て、一般の県立高校に入りました。

県立高校に進んだことには二つ理由があって、一つは切磋琢磨したいということです。周りにライバルが多いところで自分磨きをしたいと思いました。

もう一つは、試行錯誤をしたいからです。「これは絶対無理」とか「絶対できる」っていうのは、人に決められることじゃないと思います。自分は本当にできるのか、できないのか。できなかったらどうやって乗り越えていけばいいのか、失敗を繰り返してもっと自分の視野を広げていきたいと思いました。

中学二年生のときに、ベトナムに海外研修に行ったんです。そのとき初めて外国に行って、すごく視野が広がりました。それから、将来は日本で会う人たちだけではなく、いろんな人とつきあえるような人になりたいなって思うようになりました。

大学に行ったら留学をして、アメリカとか、他の国に行って勉強したいというのが私の計画だったんですが、その前に今国内でできることはなんなのかを考えました。それで、私はそれまでろうの世界にいたので、まずは聴者の世界に行って、いろいろな失敗をしたり経験を積んだりしたいと思いました。

——ベトナムでの研修というのはどういうことをされるんですか?

ベトナムの聴者、ろう者と交流しました。そのとき、先生は一切手助けをしません。自分で思っているようにコミュニケーションしなさいって言われます。ベトナムの言葉がまったくわからない、知識もないという状況で突然合流しなさいと言われるので、かなり大変でした。

聞こえる人たちとは英語で筆談すればなんとか通じたんですが、ろう者は筆談しても全然通じなくて、たぶんこの意味じゃないかって身振りでコミュニケーションをしていく。聴者とろう者では通じやすさが違うんだっていうことを初めて経験しました。

——ベトナムにはベトナムの手話があるんですか?

あります。日本には日本手話があって、ベトナムにはベトナム手話があります。まったく違う手話で、日本では「ありがとう」はこれなんですけど(手刀でもう一方の手の甲を軽く叩く）、ベトナムはこうなんです（投げキッスをするような動き）。

それさえも知らずに行ったので、急に知らない手の形が出てきたときに、「もしかして「ありがとう」じゃない？」と思ったら、本当にそうらしいということがわかったりして。仲間と一緒に、「今なんて言ったと思う？」って言いながら相談しながら英語を書いて、手話と一緒に出して、これかな、これかなっていう感じで試行錯誤していきました。日本語はわからないと思うけれども、それも書いてみたり。バナナは通じました（笑）。

——ははは。

バナナを食べるのが好きな動物といえば猿、みたいな感じで連想していくんですよね。一個の単語がわからなくても、他にわかる単語があればそれをうまく使って伝えることができるんだと思いましたし、一回で通じることもあれば、工夫しなければ通じないこともあるんだ、ということがわかりました。

どこに行っても、最終的には同じ人間なんだなって思ったんです。日本でも聴者とろう者でコミュニケーションができますよね。聴者とろう者だから違うんじゃなくて、みんな同じ人間で、言葉が通じないときもあれば通じるときもある。自分が頑張ればそこを乗り越えて通じることができるんだというふうに思いました。

†情報保障の難しさ

――今、県立高校の三年生ですよね。番組では高校一年生の春までを追いかけていて、その時点ではパソコン遠隔文字通訳を求めているということでしたが、その後の高校生活はいかがですか?

実は入学してしばらくして、授業についていけない状況になってしまったんです。

高校では先生の話を音声認識ソフトで文字にして、支援員の方がそれを修正するという方法で授業を受けていました。でも、そのソフトはものすごく誤認識が多くて、支援員さんの修正がまったく追いつかないんです。

それでも「最低限の情報はほしい」と伝えていたんですが、人によって何が最低限かの考え方が違うんですね。例えば先生は講義するだけではなくて、生徒を当てて質問をしますよね。私はそのやりとりも知りたいんですが、支援員さんは必要のない情報だと判断して「これは大丈夫だよ」と言ったり。

まだ高校一年生だから大丈夫って言われるかもしれないけど、私は大学の推薦をとりたいから一年生からいい成績をとりたいし、もう間に合わないかもしれない、きちんと勉強したいってすごく焦りました。

どうしたらいいか、親も交えて学校や支援員さんとも話し合い、二学期からは支援員さんに来ていただく時間を減らして、できるだけ自分の力で授業を受けることにしました。

それで、友だちに「ノート見ていい?」とお願いしたり、先生に聞きに行ったりするようにしたら、結局クラスのみんなと仲良くなることができたんです。みんなが「わかる?」とか「コピーしてあげるよ」っていろいろしてくれて、「仲間に頼ればよかったんだ」と思いました。

——では、それから今まで支援員さんに来ていただく時間は減らしたままで?

高二になるときに、パソコン遠隔文字通訳を導入してもらうように千葉県に情報保障を希望したんですが、予算がない、前例がないということで断られたんです。

ずっと友だちにノートをコピーさせてもらうのもどうかと思うし、また別の支援員さんがくることになったんですが、その方に授業の内容を直接ノートテイクしてもらうようにしたら、すごくうまくいくようになったんです。

「自分も手話を覚えるから頑張るね」って言ってくれて、今では手話もできるようになって、学校で教えられるくらいです。ノートではわからないところを手話で補うという方法で、勉強がスムーズに進むようになりました。

授業中のちょっとしたやりとりも教えてくれるから、消しゴムがないときに「ないの？貸すよ？」「ありがとう」みたいな会話もできます。支援員さんと手話で会話していると、周りの人たちが「何話してるの？」って手話に興味を持ってくれて、クラスの雰囲気もすごく変わりました。

†人とつきあう仕事をしたい

——今は、順調な高校生活を送られているんですよね。

はい！

——大学進学の準備をしているそうですが、現時点での進路の予定はどうですか？

これとは決まっていないんですが、大学在学中に留学して、どういう仕事がいいのか考えていきたいと思っています。自分にはろう者関係の仕事が合うのか、聴者もいるようなところが合うのか、自分のことだけどまだわからないことがたくさんあるので。ただ、人とつきあう仕事をしていきたいということは思っています。

大学では福祉を学びたいです。最初、「福祉」という言葉を聞いたときには「ちょっとやだな」って思ったんです。でも、福祉を学んでいた母に聞いたら、福祉っていうのはろう者関係だけではないし、おじいちゃんおばあちゃんのことだけでもないし、社会で困っている人たちを助けるっていうのも福祉に入るんだよって言うので、私のやりたい、いろんな人とつきあう仕事だなと思いました。

パソコン作業みたいなのだけだと、ちょっと嫌なんです。学校の成績も、情報だけ3なんですよ。パソコンのキーボードの位置もなかなか覚えられないし。母は、「わからないよ、途中で変わるかもしれないじゃん」って言うんですけど。

――それは、ろう者には情報系のお仕事が向いているとよく言われるという前提があるんでしょうか?

そうです。技術をいっぱい持っていたほうがいいとも言われて、それはわかってるんですけど、情報系が伸びないんです。私には合わないんだなって思ってます。

――なにか部活はやっていますか?

帰宅部なので、いつも友だちと遊んで帰ってます。

――そのとき、ご友人とはどうやっておしゃべりしているんですか?

手話で話してます。はじめはみんな手話がわからなかったんですけど、指文字（五十音を指の形で表す）を覚えてくれたので、最初は指文字で話しながら、これが「ありがとう」だよって手話を教えたらすぐに覚えてくれて。今は手話がわからないときは指文字でという感じです。

――勉強して遊んで、本当に普通の高校生活ですね。

はい。何も変わらないです。

ろう者としてのアイデンティティーを育む

――最後に、明晴学園の生活や学んだことについて、ここをもっと伝えたい、ということがあったら教えてください。

「静かで、にぎやかな世界」は、ろう者が自然のまま、手話で学べる学校というものを伝える上では、すごくいい番組だったと思います。でも、明晴学園には、カメラには写らない良いところがまだまだたくさんあるんです。

明晴学園は私にとって第二の家のようなところなのですが、先生と考え方が違ってぶつかることもありました。でも、卒業してみれば、あのとき先生に対して不満を言えて、それを最後まで聞いてくれたというのはすごくいいことだったんだと思います。自分の不満を一〇〇パーセント伝えて、先生の考えもいいし、私の考えもいいんだって納得するまで話し合えた。ああいうところは、明晴学園以外にはないいんだなって思いました。

明晴学園は、違いを受け止める力、自分自身を伝える力、ろう者としてのアイデンティティーを認める心を育ててくれる場所だと思うんです。

そのおかげで今、私は聴者の学校にさまざまな人たちがいるなかで、友だちやいろんな人とつきあえています。

私自身がろう者で、このままでいいんだということ、考え方にズレがあるのは当たり前で、間違いとか正しいっていうことはないいんだということに気づくことができた。それは明晴学園のおかげです。

（手話通訳／蓮池通子、構成／編集部）

あとがき　〝共に働く〟が叶ってこそ、制作できた番組

あとがきを書く前に、この本の編集者の藤岡美玲さんがまとめてくれた「制作チームインタビュー」を読み返している。読めば読むほど、制作チームにおんぶにだっこ状態で、ディレクターとしての機能を果たさなかったな……とつくづく思う。

この番組は、映像に映し出された明晴学園の子どもたちにスタッフ一人ひとりが魅了され、「この世界をどうにかして伝えなきゃ！」と夢中になったから、生まれた。長期間にわたる撮影を受け入れてくれた子どもたち、学校関係者には感謝しかない。

自分の中で番組のテーマとしてきた「共に生きる」。

私自身が、かつて思い描いていた共生とは、「障害のある人もない人も、同じ空間で同じ時を共に過ごせること」だった。だが実際のところ、たまに「ああ、難しいなあ……」

と思うことがある。自分が徐々に聞こえなくなって、聞こえる人だらけの組織の中で働いていると、まあ、大変なのである。

物理的に「聞こえる・聞こえない」の違いがあるわけで、当然、コミュニケーションのリズムが異なる。常に隣に文字通訳が一緒にいても、スタッフの声が飛び交うスタジオ収録や、空中戦の議論が続く試写や会議は、今何が起きているのか、情報を目で追うだけでエネルギーを消耗する。

一方、聞こえるスタッフたちも、私との会話には、通訳を介するタイムラグが生じ、いつものテンポで話ができないことにジレンマを感じるだろう。異なる者同士が一緒にいると、まるで水と油。溶け合うことはない。一見、お互いにとって何もメリットがないように見える。

だが今回の番組は、「聞こえない私」と「聞こえる制作スタッフ」の「違い」がむしろ活かされた。私が中学部の生徒たちに尋ねた「聞こえるようになる〝魔法の薬〟があったら飲む？」という質問は、放送後、大きな反響を呼んだ。一部の視聴者からは「あの子たちは聞こえるようにならないのだから、そんな質問をするべきではない」という叱責もいただいた。そのときに初めて、「聞こえるディレクターだったら、しない質問だったのかもしれない」と気がついた。

私のなかでは、聞こえる人も、聞こえない人も同じだ。編集の松本さんがインタビューで語っていたように、明晴学園の先生たちが編集室に来た日は、手話で話す人数が多くなり、音声が通じず、立場が逆転した。あの日は、松本さんが障害者だった。少数派になると生きにくさが生じる。ただそれだけなのだ。どちらかが幸せ、というわけではない。そんな思いから生まれた質問は、「私ならでは」なのかもしれない。そして、その「魔法の薬」の質問を、まるで新しい世界を見たかのように大事にしてくれた制作チームがいたから、番組になった。子どもたちのことを「かわいそう」と見る人は、一人もいなかった。

私たちは違う視点があることを面白がり、互いに吸収しあってきた。私のなかの当たり前と、聞こえるスタッフの当たり前が、ぶつかり合い、調和し合い、化学反応を起こしながら、歩んできたプロセスが、一つの強みになったと思う。

番組制作は決して一人ではできない。多くのスタッフの視点を通して、一＋一が三になり、いくらにでも化け、自分の力を超えた新しいものになる。それが単純に面白くて、大変なことも多いけど、今まで続けてきた。「共に生きる」も、そういうことなのかもしれないと思う。

多分「同じ空間・同じ時間を共に過ごす」だけでは意味がなくて、違いを超えた先にある、伝えようとする力や、新しい発想を生み出す醍醐味、達成感、喜び、悔しさなど、「同じ思い」を一緒に味わえることが、相互のズレに勝っていく。

かつて私は、自分は社会のお荷物なのだと自信を失っていた。番組を作るラストチャンスがほしくて、あるとき部長との面接で、「聞こえない自分だから作れる番組があると思う」とハッタリをかましたことがある。そのときは、我ながら少しずるいな、と思った。何の根拠もなかったが、自分の存在意義を確かめたくて放った言葉だった。

だが、今回の番組制作を通じて、聞こえない自分としての視点はどんどん明らかになったし、それはプラスだった。一つの現場に〝多様な視点〟があることは、新しい創造力を生み出した。今ようやく、私は自分を肯定できるようになった。毎回「ラストかもしれない」という思いが頭をよぎっていた番組制作も、今では「日常」に変わった。「共に働く」を通して、さまざまな人と関わり合うなかで、見える景色は日々、更新されている。次の景色が見たくて、また番組を作るのだろう。こうして自由に生きられるのも、周りの理解と支えのおかげである。

取材に応じてくれた明晴学園の関係者、番組を支えてくれた手話通訳・文字通訳、苦楽を共にした制作チームの仲間、すべての方に感謝している。そして、いつまでも仕上がらない原稿にたくさんの感想やアイディアをくださり、私以上に番組の世界観を温かいまなざしで見守ってくださった編集の藤岡さんには頭があがりません。ありがとうございました。

長嶋愛

この本は、以下の番組制作をもとに執筆しました。

〈番組〉
二〇一八年五月二六日初回放送
ＥＴＶ特集「静かで、にぎやかな世界〜手話で生きる子どもたち〜」

〈制作スタッフ〉
撮影：中尾潤一
音声：渡辺博　猿渡美奈子
音響効果：最上淳
映像技術：小島碧波
編集：松本哲夫
プロデューサー：浅田環
制作統括：村井晶子、堀川篤志
文字通訳：株式会社カプセルアシスト
手話通訳：株式会社comm・プラス

参考文献

木村晴美、市田泰弘『改訂新版　はじめての手話――初歩からやさしく学べる手話の本』生活書院、二〇一四年
斉藤道雄『手話を生きる――少数言語が多数派日本語と出会うところで』みすず書房、二〇一六年
全国ろう児をもつ親の会編『ぼくたちの言葉を奪わないで！――ろう児の人権宣言』明石書店、二〇〇三年
小嶋勇監修、全国ろう児をもつ親の会編『ろう教育と言語権――ろう児の人権救済申立の全容』明石書店、二〇〇四年
米川明彦『手話ということば――もう一つの日本の言語』ＰＨＰ新書、二〇〇二年
財団法人全日本ろうあ連盟「「人権救済申立」に対する全日本ろうあ連盟の見解」
http://www.jfd.or.jp/yobo/2003/kenkai20031017.html
日本弁護士連合会ホームページ「手話教育の充実を求める意見書」
https://www.nichibenren.or.jp/document/opinion/year/2005/2005_26.html

ちくま新書
1541

手話《しゅわ》の学校《がっこう》と難聴《なんちょう》のディレクター
――ETV特集「静かで、にぎやかな世界」制作日誌

二〇二一年一月一〇日　第一刷発行

著　者　長嶋　愛（ながしま・あい）
発行者　喜入冬子
発行所　株式会社　筑摩書房
東京都台東区蔵前二-五-三　郵便番号一一一-八七五五
電話番号〇三-五六八七-二六〇一（代表）
装幀者　間村俊一
印刷・製本　株式会社　精興社

ISBN978-4-480-07366-2 C0237